ମୁଦ୍ରା

ମୁଦ୍ରା

ବାଞ୍ଛାନିଧି ମହାନ୍ତି

ବ୍ଲାକ୍ ଇଗଲ୍ ବୁକ୍ସ
ଭୁବନେଶ୍ୱର, ଓଡ଼ିଶା

BLACK EAGLE BOOKS
Dublin, USA

ମୁଦ୍ରା / ବାଞ୍ଛାନିଧି ମହାନ୍ତି

ବ୍ଲାକ୍ ଇଗଲ୍ ବୁକ୍ସ : ଭୁବନେଶ୍ୱର, ଓଡ଼ିଶା ● ଡବ୍ଲିନ୍, ଯୁକ୍ତରାଷ୍ଟ୍ର ଆମେରିକା

 BLACK EAGLE BOOKS

USA address:
7464 Wisdom Lane
Dublin, OH 43016

India address:
E/312, Trident Galaxy, Kalinga Nagar,
Bhubaneswar-751003, Odisha, India

E-mail: info@blackeaglebooks.org
Website: www.blackeaglebooks.org

First International Edition Published by
BLACK EAGLE BOOKS, 2025

MUDRA
by **Banchhanidhi Mohanty**
Nampo, Jaleswar, Baleswar

Copyright © **Banchhanidhi Mohanty**

All rights reserved. No part of this publication may be reproduced, stored in a retrieval system, or transmitted, in any form or by any means, electronic, mechanical, photocopying, recording or otherwise without the prior permission of the publisher.

Cover & Interior Design: Ezy's Publication

ISBN- 978-1-64560-683-3 (Paperback)

Printed in the United States of America

ମୁଦ୍ରାର ଦୁଇପାଖ

ନଈ ତାର ବୋହି ଯାଉଥିଲା ଛଳଛଳ ହୋଇ । ତାର ଦୁଇ କୂଳରୁ ଦିଗ୍‌ବଳୟ ପର୍ଯ୍ୟନ୍ତ ଲମ୍ବିଯାଇଥିଲା ନିଦାଘଶୁଷ୍କ ପରିବ୍ୟାପ୍ତ ପ୍ରାନ୍ତର । ତାର ନିଜ ଅଙ୍ଗରେ ସେ ଯେ ପାଣିକୁ ଧରି ରଖିଛି ଏଇଟା ହିଁ ଥିଲା ତାର ଗର୍ବ, ସ୍ୱାଭିମାନ ଓ ଆଶ୍ୱାସନା । ଦିନେ ସେ ଆଚମ୍ବିତ ହୋଇ ଦେଖିଲା, ଯେ ସେଇ ପ୍ରାନ୍ତରର ମଝାମଝିରେ ମଣିଷର ଦେହ ପରି ଛିଡ଼ା ହୋଇଛି ଗୋଟିଏ ନଳକୂପ ଓ ସେଥିରୁ ନିର୍ଗତ ପାଣି ସବୁ ଝରିଆସି ମିଶିଯାଉଛି ତା ଦେହ ସହିତ । ନଳକୂପ ଆଡ଼କୁ ଅନିଷା କରି ବଡ଼ ପାଟିରେ ପଚାରିଲା ନଈ, ତୁ କେଉଁଠାରୁ ସୃଷ୍ଟିକଲୁ ଏତେ ସ୍ୱଚ୍ଛ କାଚକେନ୍ଦୁ ପାଣି, ଆଲୋ କୂପାଙ୍ଗିନୀ ! ନାହିଁ ତ ତୋ ପାଖରେ ପାହାଡ଼ କି ପର୍ବତ କିବା ଝରଣାଟିଏ !

ସେଇଠୁ ଦ୍ୱିତୀୟାର ଜହ୍ନପରି ହସିଲା ଟିକେ ନଳକୂପ । ନତମସ୍ତକ ହୋଇ କହିଲା, ତମେ ଆଜି ମୋତେ ନୂଆକରି ଦେଖୁଛ ସିନା ବଡ଼ଦେଈ ! ମୁଁ ତ ଆଗରୁ ବି ଥିଲି ତମ ଆଖିର ଉହାଡ଼ରେ । ମୋ ଭିତରେ ଯେ ଏକ ବିସ୍ତୃତ ପାଣିର ସ୍ରୋତ ଅଛି ସେ କଥା ମୁଁ ତମକୁ କହିନାହିଁ ବୋଲି ତମେ ଜାଣିପାରି ନାହଁ । ଭୂଗର୍ଭରେ ଲୁକ୍କାୟିତ ହୋଇ ରହିଛି ଅପରିସୀମ ପାଣିର ଭଣ୍ଡାର । ଆଜି କେହି ମୋତେ ଡାକିଲା ହାତଠାରି । ନଳକୂପଟି ଖାଲି ଗୋଟେ ମାଧ୍ୟମ ହେଇଗଲା । ହେଇ, ଦେଖ ମୁଁ ବାହାରି ଆସିଲି ବାହାରକୁ । ପୁଣି ଦେଖ, ତମକୁ ମୁଁ ଛୁଇଁ ପାରିଲି ଆଜି । ତମେ ବଡ଼ ହୁଅ କି ସାନ ହୁଅ, ହେଇ ପାରିଲି ତ ମୁଁ ତମ ପରି ଗୋଟିଏ ପାଣିର ଧାରା ।

ବାଲେଶ୍ୱର ଜିଲ୍ଲା ନାମ୍ପୋ ଗ୍ରାମର ବାଞ୍ଛାନିଧି ମହାନ୍ତିଙ୍କର 'ମୁଦ୍ରା' ନାମରେ ଏହା ଅନ୍ୟତମ କବିତା ଗ୍ରନ୍ଥ । ପ୍ରଥମ କବିତା ଗ୍ରନ୍ଥଟି ବି ସଦ୍ୟ ହୋଇଛି ପ୍ରକାଶିତ । ଯେମିତି ପ୍ରଥମ ଗର୍ଭରେ ଯାଆଁଳା ସନ୍ତାନଟିଏ ଜନ୍ମ ହୋଇଯାଇଛି । ମିଲ୍‌ଖା ସିଂଙ୍କ ପରି ଅଶିବର୍ଷ ବୟସରେ ବି ସେ କଲମ ଧରି ଦୌଡ଼ିବାରେ ଲାଗିଛନ୍ତି । ତେବେ ମନରେ ପ୍ରଶ୍ନ ଆସେ ଯେ ଏହି ପରିଣତ ବୟସରେ ସେ କବିତା ରଚନା ଆରମ୍ଭ କଲେ ନା କବିତାର ସ୍ରୋତଟିଏ ତାଙ୍କ ହୃଦୟରେ ପ୍ରବାହିତ ହୋଇ ଚାଲିଥିଲା ?

ତାହାର ଉତ୍ତରତ ନିଶ୍ଚିତ ଭାବରେ ମିଳିଯିବ ଉପର ବର୍ଣ୍ଣିତ ନଈ ଓ ନଳକୂପଙ୍କ କଥୋପକଥନରୁ ।

ସାହିତ୍ୟ ପ୍ରତି ଗଭୀର ଆସକ୍ତ ଥିବା ଗୋଟିଏ ପରିବାରର ସେ ଜଣେ ସଦସ୍ୟ । କଲେଜରେ ପଢ଼ିବା କାଳରୁ ସେ କବିତା ରଚନାରେ ବ୍ରତୀ ହୋଇ ଯାଇଥିଲେ । ସପ୍ତମ ଦଶକରେ ସେସମୟର ଶ୍ରେଷ୍ଠ ଓଡ଼ିଆ ପତ୍ରିକା 'ଆସନ୍ତାକାଲି'ରେ ତାଙ୍କର କବିତା ପ୍ରକାଶିତ ହୋଇପାରିଥିଲା । ସମାଜବାଦରେ ବିଶ୍ୱାସ କରୁଥିବା ସେଇ କବି ପ୍ରଗତିବାଦୀ ଆନ୍ଦୋଳନର ଅନେକ ସାହିତ୍ୟିକଙ୍କ ସହିତ ଘନିଷ୍ଠ ଥିଲେ । ଏହି ଗ୍ରନ୍ଥରେ ଥିବା ସାଥୀ କମ୍ରେଡ୍ ଅନନ୍ତ ପ୍ରଧାନଙ୍କ ଉଦ୍ଦେଶ୍ୟରେ ସମର୍ପିତ 'ତୁମ ସ୍ମରଣରେ' ଶୀର୍ଷକ କବିତାରେ ସେ କହିଛନ୍ତି-

ଅତିପ୍ରିୟ ମୋର ଦଳିତ ଜନତା
ଅତିପ୍ରିୟ ଦେଶମାଟି,
ଶତ ଅନଟନେ ହସୁଛି ଯାହାର
ବିପ୍ଳବୀ ପରିପାଟୀ ।

ବୁଭୁକ୍ଷୁ ଜନତାମାନଙ୍କପାଇଁ ଅଛି ତାଙ୍କର ଗଭୀର ସମବେଦନା । ନିଷ୍ପେସିତ ମଣିଷଙ୍କପାଇଁ ଭରି ରହିଛି ହୃଦୟରେ ଦରଦ । ସେଦିନ 'ଆଗାମୀ' ନାମକ କବିତାରେ କାଳିନ୍ଦୀ ଚରଣ ପାଣିଗ୍ରାହୀ ଯେଉଁ ସବୁ କଥା କହିଯାଇଥିଲେ ତାହାକୁ ସେ ଉଚିତ ବୋଲି ହୁଏତ ମନେ କରି ବସିଛନ୍ତି । ଅର୍ଥାତ୍ କବିତା ଏକ ବିରାଟ ସମାଜର କଥା କହେ, ଯେଉଁଥିରେ ସମସ୍ତଙ୍କ ପାଇଁ ବଖୁରେ ହେଲେ ବି ଘର ରହିଥାଏ । ସମସ୍ତଙ୍କ ପାଇଁ ମୁଠାଏ ଦୁଧଭାତ, ଦୁଇଟି ଲୁଗାଜାମା, ନିର୍ବିଘ୍ନ ଅଧ୍ୟୟନ, ସରକାରଙ୍କ ତରଫରୁ ସମସ୍ତଙ୍କ ପାଇଁ କାମ ଓ ସ୍ୱାଧୀନ ବକ୍ତବ୍ୟର ଅଧିକାର ସବୁ ମଣିଷଙ୍କର ପ୍ରାପ୍ୟ । ବାଞ୍ଛାନିଧିଙ୍କର କାବ୍ୟାତ୍ମା ସେହି ନିଷ୍ପେସିତ ସମାଜର ଜୟଗାନ କରିବାରେ ବ୍ୟସ୍ତ ରହିଛି । ଅଧିକାଂଶ କବିତାରେ ସେଇ ଭାବ ଉତ୍କୀର୍ଣ୍ଣ ହୋଇଛି ଅନ୍ତର୍ଚ୍ଛନ୍ଦରେ ସୁସଜ୍ଜିତ ହୋଇ । ଯୌବନର ଆଦିକାଳରେ ପ୍ରଗତିବାଦୀ ଚିନ୍ତାଧାରାର ନାୟକମାନଙ୍କଠାରୁ ସେ ଯେଉଁ ବହ୍ନି ସଂଗ୍ରହ କରିଥିଲେ ତାହା ଆଜି ପର୍ଯ୍ୟନ୍ତ ପ୍ରଜ୍ଜ୍ୱଳିତ ରହିଛି ବୋଲି ସେ ତାଙ୍କର କବିତାରେ ଉଦ୍‌ଘୋଷଣା ମଧ୍ୟ କରିଛନ୍ତି ।

ବାଞ୍ଛାନିଧିଙ୍କ ବ୍ୟକ୍ତିସତ୍ତାକୁ ଅନୁଭବ କରିବାକୁ ହେଲେ 'ମୁଦ୍ରା' କବିତା ଗ୍ରନ୍ଥର କେତେକ କବିତାକୁ ଅଧ୍ୟୟନ କରିବାକୁ ପଡ଼ିବ, ଯେଉଁଥିରେ ସେ ଲେଲିନ, ହିମାଂଶୁ ନନ୍ଦୀ, ଶିବାଜୀ ପଟ୍ଟନାୟକ, ସଂଗ୍ରାମୀ ଲକ୍ଷ୍ମଣ ପଟ୍ଟନାୟକ ଇତ୍ୟାଦିଙ୍କୁ ସ୍ମୃତିଅର୍ଘ୍ୟ ପ୍ରଦାନ କରିଛନ୍ତି । ଲେଲିନଙ୍କ 'ରାଷ୍ଟ୍ର ଓ ବିପ୍ଳବ' ଗ୍ରନ୍ଥ ତାଙ୍କୁ ବହୁ ଭାବରେ ପ୍ରଭାବିତ କରିଛି । ଯେଉଁଥିପାଇଁ 'ଲେଲିନ' ଶୀର୍ଷକ କବିତାରେ ସେ ଲେଖିଛନ୍ତି-

ଯେଉଁଠି ଅଟକିଯାଏ ଗାଡ଼ି ମୋର
'ରାଷ୍ଟ୍ର ଓ ବିପ୍ଳବ' ଦିଏ ମୋ ମାର୍ଗ ଫିଟାଇ
ଜୀବନର ଭୁଲଭ୍ରାନ୍ତି
ମୁହୂର୍ତ୍ତକେ ଯାଏ ମୁକ୍ତ ହୋଇ ।

ଶିବାଜୀ ପଟ୍ଟନାୟକଙ୍କ ନିକଟରୁ ଯେଉଁ ବହ୍ନି ସେ ସଂଗ୍ରହ କରିଥିଲେ ତାହା ଆଜିବି ତାଙ୍କର ହୃଦୟରେ ଜଳି ଚାଲିଛି । ସେଇ ବହ୍ନି ଯେ ବିପ୍ଳବର ବହ୍ନି ତାହାକୁ ଅସ୍ୱୀକାର କରିହେବ ନାହିଁ । ସେ ମନେ ପକାଇଛନ୍ତି ହିମାଂଶୁ ନନ୍ଦୀଙ୍କୁ, ଯାହାଙ୍କର ଉଜ୍ଜ୍ୱଳ ଆଖିର ଜ୍ୟୋତି ଉଦ୍‌ଭାସିତ ହେଉଥିଲା ଲାଲପତାକାରେ । ହିମାଂଶୁଙ୍କର ଯାତ୍ରାପଥ ଥିଲା ଖୁବ୍ କଠିନ । କେତେବେଳେ ଆନ୍ଦୋଳନ ତ କେତେବେଳେ ଲାଠିମାଡ଼, ପୁଣି କେତେବେଳେ କାରାବାସ । ସେ ସଂଗ୍ରାମର ପଥ ବାଛି ନେଇଥିଲେ, କେବେ ହାରିଯାଇ ନାହାନ୍ତି କି କେବେ ହଟିଯାଇ ନାହାନ୍ତି । ପୁଣି ଶିବାଜୀ ପଟ୍ଟନାୟକଙ୍କୁ ସେ 'ସାଥୀ' ବୋଲି ସମ୍ବୋଧନ କରି କହିଛନ୍ତି ଯେ ତାଙ୍କରି ଡାକରେ ସେ ବଞ୍ଚିବାର ଅଧିକାରକୁ ଖୋଜି ପାଇଛନ୍ତି । ଯେତେବେଳେ ଊର୍ଦ୍ଧ୍ୱକୁ ରକ୍ତପତାକା ଉଡ଼ାଇ ସେ ଚାଲିଯାଆନ୍ତି, ସେତେବେଳେ ତାଙ୍କର ଗୋଟିଏ ଡାକରେ ଶହ ଶହ ହୃଦୟ ଲାଲବର୍ଣ୍ଣ ଧାରଣ କରେ । କବି କହିଛନ୍ତି ଯେ ସେତେବେଳେ ସେ ତାଙ୍କର ହୃଦୟରେ ଶିବାଜୀଙ୍କୁ ଖୋଜି ପାଇଥାଆନ୍ତି । 'ରକ୍ତାକ୍ତ କାମନା' ଶୀର୍ଷକ କବିତାଟି ପାଠ କଲେ କବି ବାଞ୍ଛାନିଧିଙ୍କର ହୃଦୟରେ ଉକୁଟି ଉଠିଥିବା ପ୍ରଗତିଶୀଳ ଚେତନାର ରଙ୍ଗ ପରିଦୃଶ୍ୟ ହୋଇଯାଏ ଆପେ ଆପେ । ତାଙ୍କ ହୃଦୟରେ ଯେଉଁ ରକ୍ତାକ୍ତ କାମନା ଫୁଟି ଉଠିଛି ଏବଂ ସେହି କାମନା ଶରୀରରେ ଭରି ଯାଇଛି ଶାଖା ପଲ୍ଲବରେ, ତାହା ସୃଷ୍ଟି ହୋଇଛି କେଉଁ ଅଦୃଶ୍ୟର ଡାକରେ । ଗାଆଁମାନଙ୍କରେ ନିଦ ଭାଙ୍ଗି ନଈ ବୋହିଯାଏ ତ ସ୍ୟମନ୍ତକ ନାମକ ମାଝୀ ନାବିକ ସାଜି ଡଙ୍ଗାରେ ଲୋକମାନଙ୍କୁ ଘାଟି ପାରିକରେ । ବେଳେବେଳେ ପୂବାଲୀ ପବନ ଶାଖାପ୍ରଶାଖାରେ ଭାରି ହୋଇ ଯାଏତ ଫୁଟିଥିବା ଫୁଲମାନେ ମଧୁର ବାସ୍ନାରେ ଭରିଯାଆନ୍ତି । ଏ ନଈକୁ ଦେଖି ଖୁସି ହୁଅନ୍ତି କବି । କିନ୍ତୁ ତାଙ୍କର ହୃଦୟ ଏ ନଈଠାରୁ ଅନେକ ଦୂରରେ ବୋଲି ସେ ମନେ କରିଛନ୍ତି, ଯେଉଁଠି ଅଦୃଶ୍ୟ ଡାଳରେ ତାଙ୍କ ହୃଦୟରେ ରକ୍ତାକ୍ତ କାମନା ଫୁଟିଥାଏ । ଯେମିତି ଦୁଇଗୋଟି ନଦୀ ପ୍ରବାହିତ ହୋଇଛି କବିଙ୍କ ଜୀବନରେ । ଗୋଟିଏରେ ଭରି ରହିଛି ଛନ୍ଦମୟ ଜୀବନ, ଜୀବନର ସାରେଗାମା ଓ ଜୀବନର ଯେତେକ ଆଳାପ । ତାହା ହୁଏତ ହଜି ଯାଇଛି କବିଙ୍କ ହୃଦୟରୁ । ମାତ୍ର ଯେଉଁ ହୃଦୟଟିରେ ରକ୍ତାକ୍ତ କାମନା ଅଦୃଶ୍ୟ ଡାଳରେ ଫୁଟି ଉଠିଛି ତାହା ଦୂରରେ ଥିବା ଆଉ ଗୋଟିଏ ନଈକୂଳରେ । କେଉଁ ନଦୀରେ ଅବଗାହନ

କରିବେ କବି ! ଗୋଟିଏ ନଦୀରେ ଫୁଟି ଉଠିଛି ରକ୍ତ ରଙ୍ଗର କଇଁ ତ ଆଉ ଗୋଟିଏ ନଈ କୂଳରେ ନାନାଜାତିର ଫୁଲ। କବିତାଗୁଡ଼ିକରେ କେତେବେଳେ ଗୋଟିଏ ହୃଦୟ ଦ୍ୱିଧା ବିଭକ୍ତ ହୋଇଯାଇଛି ତ କେତେବେଳେ ଦୁଇଟି ମନ ଗୋଟିଏ ହୋଇ ଝରଣା ପରି ଝରିଯାଇଛି କୁଳୁକୁଳୁ ହୋଇ।

କବି ବାଞ୍ଛାନିଧି କବିତାଗୁଡ଼ିକ ଭିତରେ ଜୀବନକୁ ଖୋଜିବାକୁ ଚେଷ୍ଟା କରିଛନ୍ତି। ତାଙ୍କ ମତରେ ଜୀବନ ତ ଗୋଟିଏ ଖେଳ, ଛୋଟ ଛୋଟ କାହାଣୀର ସମାହାର। ଛୋଟ ଛୋଟ କଥାରେ ଜୀବନ ଛନ୍ଦମୟ ହୋଇଯାଏ, ପୁଣି ଛୋଟ ଛୋଟ କଥାରେ ସେଇ ଜୀବନ ଭାଙ୍ଗିଯାଇ ଚୁରମାର ହୁଏ। ଝଡ଼ର ଧକ୍କାରେ ଯେଉଁ ଚଢ଼େଇମାନ ନୀଡ଼ହରା ହୋଇଯାଆନ୍ତି, ଭୋର ହେବାବେଳକୁ ସେମାନେ ପୁଣି ପରିବେଶକୁ କଳରୋଳରେ ଭରି ଦିଅନ୍ତି। ଏହି ନିର୍ମମ ସତ୍ୟ ପ୍ରକାଶିତ ହୋଇଛି କବିଙ୍କର 'କେତେ ଅଜଣା' କବିତାରେ। ଜୀବନ ଯେ ଗୋଟିଏ ଖେଳ, ଏହାକୁ କବି ସ୍ୱୀକାର କରନ୍ତି। ଏଥିରେ ହୁଏତ ଅନେକ ବାଜି ହାରିଯିବାକୁ ପଡ଼େ, ମାତ୍ର ବେଳେବେଳେ ପରାଜୟ ମହିମାମଣ୍ଡିତ କରିଦିଏ ଜୀବନ ଯାତ୍ରାକୁ। କିନ୍ତୁ ଖୋଜୁ ଖୋଜୁ ଅନେକ ସମାଧାନ ମିଳିଯାଏ ସେଇ ପରାଜୟର ପୃଷ୍ଠାଗୁଡ଼ିକରୁ। 'ଯୋଗାଯୋଗ' କବିତାରେ କବି କହୁଛନ୍ତି 'ବନ୍ଧୁ! ଗ୍ଲାନି ଭୁଲି କିଛି ପ୍ରଶ୍ନରଖ, ବିଜୟର ଉତ୍ତର ଆସିବ। ପୁଣି ଜୀବନର ନୂଆ ପୃଷ୍ଠା ଖୋଲିଯିବ, ଜୀବନ ଭରପୂର ହୋଇଯିବ।'

କବିଙ୍କ ରଚିତ ଦୁଇଟି କବିତା ଆପଣଙ୍କୁ ଟାଣି ନେଇଯିବ ସଚ୍ଚି ରାଉତରାୟ, ଗୁରୁ ମହାନ୍ତି ବା ଜୀବନାନନ୍ଦଙ୍କ ନିକଟକୁ। ତନ୍ମଧ୍ୟରୁ ଗୋଟିଏ ହେଲା 'ଘର ଖୋଜିବା' ଓ ଅନ୍ୟଟି 'ବନ୍ଧୁର ଠିକଣା'। 'ଘର ଖୋଜିବା'ରେ କବି ଖୋଜି ଚାଲିଛନ୍ତି ତାଙ୍କ ଭଉଣୀର ସଙ୍ଗିନୀ ମନିକାକୁ। ସକାଳରୁ ଦ୍ୱିପ୍ରହର ଯାଏ ଖୋଜି ଖୋଜି କ୍ଳାନ୍ତ ହୋଇଗଲେଣି। ଘର ମିଳୁନାହିଁ କି ମନିକା ମିଳୁନାହିଁ। ସେ ହୁଏତ ବନଲତା ସେନ୍, ପ୍ରତିମା ନାୟକ କିମ୍ବା ଅଲକା ସାନ୍ୟାଲଙ୍କ ପରି ଏକ ସମୟର ପ୍ରତିନିଧି ନୁହେଁ, ବରଂ ହୃଦୟ ଭିତରକୁ ପଶି ଆସିଥିବା ମେଞ୍ଚାଏ ସୁଗନ୍ଧି। ଛୁଇଁ ଦେଇ କୁଆଡ଼େ ଅନ୍ତର୍ଦ୍ଧାନ ହୋଇଯାଏ। ବେଳେବେଳେ ଚିଠିଦିଏ, ବେଲ୍ ମାରିଲେ କବାଟବି ଖୋଲିଦିଏ। କବିଙ୍କ କବିତାରେ ମନିକା ଏକ ବିପ୍ଳବିନୀ ନୁହେଁ, ବରଂ ଏକ ମନସ୍ତତ୍ତ୍ୱ। ସେ କାଳ କବଳିତ ଏକ ଇତିହାସ ନୁହେଁ, ବରଂ ପ୍ରାପ୍ତି ଅପ୍ରାପ୍ତିର ଏକ ଦୀର୍ଘଶ୍ୱାସ। 'ବନ୍ଧୁର ଠିକଣା' କବିତାରେ କବି କୁନା ମିଶ୍ରଙ୍କର ଠିକଣା ଖୋଜିଛନ୍ତି। ସେ ଠିକଣା ଅପହଞ୍ଚ ଇଲାକାରେ ନାହିଁ। ସମସ୍ତେ ଜାଣିଛନ୍ତି କୁନାମିଶ୍ରଙ୍କ ଠିକଣା। ସେ ଯେଉଁ ଇଲାକାରେ ରୁହନ୍ତି, ତାର ଆଖପାଖ ଲୋକ ବି ପରିଚିତ ସମସ୍ତଙ୍କର। କୁନା ମିଶ୍ରମାନେ ସହଜରେ

ମିଳିଯାଆନ୍ତି। ତେବେ କବି କାହିଁକି ଖୋଜନ୍ତି କୁନା ମିଶ୍ରଙ୍କର ଠିକଣା ? କାହିଁକି ନା କୁନାମିଶ୍ର ଆଶା ଓ ଆକାଂକ୍ଷାର ପ୍ରତିନିଧି। ଆଶା ଓ ଆକାଂକ୍ଷାମାନେ ସବୁବେଳେ ନିକଟତର ହୋଇଥାଆନ୍ତି ହାତପାଆନ୍ତାରେ। ମିଳିଯାଆନ୍ତି ବି ସହଜରେ।

କବି ବାଞ୍ଛାନିଧି ମହାନ୍ତିଙ୍କର ରାଗ ପ୍ରତି ରହିଛି ଅହେତୁକ ଅନୁରାଗ। କେତେବେଳେ ଲଳିତକାମୋଦୀ ତାଙ୍କୁ ଆକ୍ରାନ୍ତକରେ ତ କେତେବେଳେ ବିଭୋର କରନ୍ତି ରାମକେରୀ ଓ ଭାଟିଆରୀମାନେ। ଲଳିତ କାମୋଦୀ ସଂଗୀତ ଜଗତର ଏକ ଲଳିତ ରାଗ। ଏହାକୁ ସାଧାରଣତଃ ରାତିର ପ୍ରଥମାର୍ଦ୍ଧରେ ଗାନ କରାଯାଇଥାଏ। ଓଡ଼ିଶୀ ସଂଗୀତରେ କୃଷ୍ଣଙ୍କ ପାଇଁ ରାଧାଙ୍କର ଭାବନା ଏହି ରାଗରେ ପ୍ରକାଶିତ ହୋଇଥାଏ କବିଙ୍କର କଲମ ମୂନରେ। କବିଙ୍କର 'ଲଳିତ କାମୋଦୀ' କବିତାରେ ସେହିପରି ଏକ ଦିବ୍ୟ ପ୍ରେମର କଳ୍ପନା କରାଯାଇଛି। କବିଙ୍କର ହୃଦୟରୂପକ ପାହାଡ଼ରୁ ଗଙ୍ଗା ଯମୁନାର ଧାରା ଝରି ଆସିଛି। କବି ତ ଜଣେ ଶିଳ୍ପୀ। କେତେ ପ୍ରସ୍ତରର ଦେହକୁ କାଟି ସେ ପ୍ରତିମା ନିର୍ମାଣ କରିଥାଆନ୍ତି। ତନ୍ମଧ୍ୟରୁ ପ୍ରିୟତମାର ପ୍ରତିମା ମଧ୍ୟ ଅନ୍ୟତମ। ମାତ୍ର କବି ଯେଉଁ ପ୍ରାଣ ରୂପକ ପଥରରେ ପ୍ରିୟତମାର ପ୍ରତିମା ନିର୍ମାଣ କରିଛନ୍ତି ତାହା ପ୍ରାଣବନ୍ତ ହେଲା କି ନାହିଁ ବୋଲି ନିଜକୁ ନିଜେ ପ୍ରଶ୍ନ କରିଛନ୍ତି କବି। ସଂଗୀତ ଜଗତରେ ରାମକେରୀ ରାଗଟି ସର୍ବଦା କରୁଣ ରସାଶ୍ରିତ ହୋଇଥାଏ। କବି ରାମକେରୀ-୧ ଓ ରାମକେରୀ-୨ ନାମରେ ଦୁଇଗୋଟି କବିତା ରଚନା କରିଛନ୍ତି। ରାମକେରୀ-୧ରେ ଜୀବନର ରାଗ ହଜିଯାଇଥିବାର ପ୍ରକାଶ କରାଯାଇଛି। ଏପରିକି କବିଙ୍କର ହାରମୋନିୟମ୍ ଘର କୋଣରେ ଅପନ୍ତରାରେ ପଡ଼ି ରହିଛି ବୋଲି କବିତାରେ ଏକ କାରୁଣ୍ୟର ଚିତ୍ର ପ୍ରଦତ୍ତ ହୋଇଛି। ରାମକେରୀ-୨ରେ ପ୍ରକାଶିତ ହୋଇଯାଇଛି ହୃଦୟର କରୁଣତା। ଜୀବନକୁ ଇନ୍ଦ୍ରଧନୁ ଆସିଛି ସତ୍ୟ, ମାତ୍ର ବଉଦର ଉହାଡ଼ରେ ଲୁଚି ଯାଇଥିବାରୁ ତାହା ଗୁପ୍ତ ହୋଇ ରହିଯାଇଛି ଆଢୁଆଳରେ। ଭାଟିଆରି ନାମକୁ ଫକୀରମୋହନ ତାଙ୍କ କବିତାରେ ପ୍ରୟୋଗ କରିଛନ୍ତି। ଭର୍ତ୍ତୃହରି ଏହି ରାଗର ପ୍ରବର୍ତ୍ତକ ବୋଲି କୁହାଯାଇଥାଏ। ବାଞ୍ଛାନିଧି ମହାନ୍ତିଙ୍କ 'ଭାଟିଆରୀ' କବିତା ଯେତିକି କରୁଣ ରସାପ୍ଲୁତ, ସେତିକି ପ୍ରୀତିମୁଗ୍ଧ।

ବାଞ୍ଛାନିଧି ମହାନ୍ତିଙ୍କର କେତେକ କବିତାରେ ଦେଖା ଯାଇଛି ଯେ କୁମ୍ଭକାର ଯେମିତି କାଦୁଅକୁ ନେଇ ହାଣ୍ଡି ଗଢ଼େ ସେମିତି କବି ଏକ ଏକ କାହାଣୀର କାଦୁଅ ସଂଗ୍ରହ କରି କବିତାର ହାଣ୍ଡି ଗଢ଼ିଛନ୍ତି। ଦୁଇଟି ବିପରୀତ ଧର୍ମୀ କବିତାକୁ କାହାଣୀ ପୃଷ୍ଠଭୂମିରେ କିପରି ରୂପାନ୍ତରିତ କରାଯାଇଛି ତାହାକୁ ଏଠାରେ ଉଲ୍ଲେଖ କରାଯାଇପାରେ। ତନ୍ମଧ୍ୟରୁ ଗୋଟିଏ ହେଲା 'ଲୋକକଥାର ଛନ୍ଦ'। ଗପଟି ଏହିପରି-

ଯେଉଁଠି ଆକାଶ ପୃଥିବୀରେ ମିଶିଯାଏ, ପୃଥିବୀ ଯେଉଁଠି ଭୁଲ କରି ସ୍ୱୟଂବରା ହୋଇଯାଏ ଓ ଯେଉଁଠି କଠିନ ପାହାଡ଼ରେ ଅସ୍ତରାଗର ଛିଟା ଲାଗିଥାଏ, ସେଇ ଦେଶରେ ମିତା ଆଉ ପାରମିତା ନାମରେ ଦୁଇଗୋଟି ଝିଅ ବାସ କରୁଥିଲେ । କନକର ପ୍ରତିମା ପରି ଝିଅ ଦୁଇଟି ଆଖିର ତାରା ପରି ସମୁଜ୍ୱଳ ଦିଶୁଥିଲେ । ଜନପଦରେ ତାଙ୍କ ଗୁଣର ଗରିମା ଖ୍ୟାତ ହୋଇ ଯାଇଥିଲା ଓ ସେମାନଙ୍କ ପାଇଁ କେତେ ଲୋକକଥା ବି ସୃଷ୍ଟି ହୋଇଯାଇଥିଲା । ଦୁଇଜଣ ଯାକ ଥିଲେ ରୂପ ଓ ଗୁଣରେ ଅନୁପମା । ମିତାର କଥାରେ ଦ୍ୟୁଲୋକ ଓ ଭୂଲୋକ ଉଲ୍ଲସି ଉଠେ, ପୁଣି ପାରମିତା କଥା କହିଦେଲେ କେତେ ପ୍ରକାରର ଫୁଲ ଫୁଟିଉଠେ । ଦୂରପାହାଡ଼ ଦେଶରେ, ଯେଉଁଠି ଗୋଧୂଳି ରକ୍ତର ଛିଟା ଆଙ୍କିଦିଏ ସେଇଠି ହିଁ ଅବସ୍ଥାନ କରନ୍ତି ସେହି ଝିଅ ଦୁଇଟି-ମିତା ଆଉ ପାରମିତା । ପାରମିତାର ଆଖିରେ ନାଚିଯାଏ ଶଙ୍ଖଚିଲ ଓ ମିତାର ଓଠରୁ ଝରିପଡ଼େ ଶତଶତ ଯବାଫୁଲ । ସାତ ସାଗରର ଆରପାରିରେ ଯେଉଁ ରଜାର ଘରଟିଏ ଅଛି ସେହି ରଜାର ଅଛି ସୁନ୍ଦର ସୁଢଳ ପୁଅଟିଏ । ମିତା ତାକୁ ସ୍ୱପ୍ନରେ ଦେଖିଛି ଓ ତାକୁ ବର ବୋଲି କଳ୍ପନା କରିନେଇଛି । କମଳ ଦଳରେ ସେ ମନର ଭାଷା ଲେଖିଛି । ତାର ସ୍ୱପ୍ନର ସୌଦାଗର ପାଖରେ ସତେ କଣ ସେ ଚିଠି ପହଞ୍ଚି ପାରିବ ! ପାରମିତାର ପାଦର ଛନ୍ଦରେ କେତେ ପଦ୍ମଫୁଲ ଫୁଟିଥାଏ । ତା ପାଦରେ ଲୋଟିଯାଏ ସାତ ରଜାପୁଅର ଗର୍ବର ସୌନ୍ଦର୍ଯ୍ୟ । କିନ୍ତୁ ହାୟ, ସେଇ ମିତା ଆଉ ପାରମିତା ଦୁଇଜଣ ଫୁଲ ହୋଇ ପାରିଲେନି, କେବଳ ସୁନାଫୁଲ ହୋଇ ରହିଗଲେ । ଅତି ସୁନ୍ଦର ଏହି କବିତାର ଛନ୍ଦ, ଚମତ୍କାର ଏହାର କାହାଣୀ, ପୁଣି ଭାବୋଦ୍ଦୀପକ ଏହାର ଅନ୍ତରୀଣ ଭାବଧାରା ।

ଏହାର ବିପରୀତ ଭାବକୁ ବହନ କରୁଛି ଯେଉଁ କବିତାଟି ତାହାର ଶୀର୍ଷକ ହେଲା 'ବେଳା ଅବେଳା'ରେ । ଜୀବନର ଆଦ୍ୟ ବସନ୍ତରେ ଯୁଦ୍ଧ କରୁକରୁ କ୍ଳାନ୍ତ ହୋଇ ଯାଇଥିବା ଯୁବକଟିଏ ଦିନେ ଗ୍ରାମ ସୀମାନ୍ତରେ ଓହ୍ଲାଇ ପଡ଼ିଛି ଅଶ୍ୱପୃଷ୍ଠରୁ । ବୃକ୍ଷର ଛାୟାରେ, ଦୁର୍ବାଦଳ ଶ୍ୟାମ ଗାଲିଚା ଉପରେ ସେ ଶୋଇପଡ଼ିଛି ଥକ୍କା ହୋଇ । ଶେଷ ହଳଦିଆ ପତ୍ରଟିଏ ଝରି ପଡୁଛି ତାର କପାଳ ଉପରେ । ଅଶୁଭ ସ୍ୱରରେ ରାବି ଯାଉଛି କାକଟିଏ । ଅଶ୍ୱ ଯେମିତି ପ୍ରଣିପାତ କରିବା ଭଙ୍ଗୀରେ ଠିଆ ହୋଇଛି ତା ପାଦପାଖରେ । ଗ୍ରାମର ଅନ୍ୟ ସୀମାନ୍ତରେ ଉତ୍ସବ ଲାଗି ରହିଛି । କିଛି ରକ୍ତଛିଟା ଲାଗି ରହିଛି ଯୋଦ୍ଧାର କପାଳରେ । ଆରୋହୀର ରକ୍ତଛବି ଉଦ୍‌ଭାସିତ ହୋଇ ଯାଉଛି ଅଶ୍ୱର ଆଖିରେ । ଜୀବନର ଆଦ୍ୟବସନ୍ତରେ ଶୋଇ ଯାଇଛି କ୍ଳାନ୍ତ ଯୋଦ୍ଧା ।

କବି ବାଞ୍ଛାନିଧିଙ୍କର କବିତା ଗୁଡ଼ିକୁ ଯେତେଯେତେ ପାଠ କରିବାକୁ ଚାହିଁଛି ସେତେସେତେ ବିମୁଗ୍ଧ ଓ ବିଭୋର ହୋଇଛି । କେତେବେଳେ ସ୍ମୃତିମାନ ଉଦ୍‌ଜୀବିତ

ହୋଇଛି ତ କେତେବେଳେ ପ୍ରୀତିମାନ ପୁଷ୍ପସମ ହୋଇଛି ପରିସ୍ଫୁଟିତ। କେତେବେଳେ କାବ୍ୟନୀତିରେ କବିତା ହୋଇଛି ପରିପୂର୍ଣ୍ଣ ତ କେବେ ପୁଣି ଗୀତିମୟତାରେ ଉଦ୍‌ଭାସିତ ହୋଇଛି କାବ୍ୟପୁରୁଷ। ତାଙ୍କର କବିତାମାନ କେତେ ଯେ ଲଳିତ ଓ ସୁଖପାଠ୍ୟ ଚଇତାଳି-୧ ଓ ଚଇତାଳି-୨ କବିତାକୁ ପାଠ କଲେ ଅବବୋଧ କରିହେବ। କବିତାଦ୍ୱୟ ଯେ ସୁଚିନ୍ତିତ ଅର୍ଥର ଦ୍ୟୋତକ ତାହା ତ ନିଶ୍ଚିତ। ସେଥିପ୍ରତି ଧ୍ୟାନ ନଦେଇ ଆମେ ଖାଲି ତାର କାବ୍ୟାଙ୍ଗକୁ ଅବଲୋକନ କରିବା ଓ ସେଥିରୁ ପ୍ରାପ୍ତ ହୋଇ ପାରିବା ଲୋକ ସାହିତ୍ୟ ସୁଲଭ ଚମତ୍କାରିତା।

କନକର ଚମ୍ପା ମୋତେ ଆଣିଦେବ କିଏ
କମଳର କନ୍ୟା ମୋତେ ଆଣିଦେବ କିଏ
ସାତ ସାଗରର ଝିଅ ଆଗୋ ସାତ ସାଗରର ଝିଅ
କନକର ଚମ୍ପା ମୋତେ କାହୁଁ ଆଣିଦିଅ

କିମ୍ବା

ଏପ୍ରିଲରେ କିଣିଥିଲି ତମରି ପାଇଁ ଯୂଇ
ଶୁଖି ଶୁଖି ଶେଷହୁଏ ଦିନ ସରେ ନାହିଁ।

କହିଲେ ତ କଥା ଲମ୍ବି ଲମ୍ବି ଚାଲିଥିବ। ଲେଖିଲେ ତ ଯୋଡ଼ି ହୋଇ ଯାଉଥିବ ଶବ୍ଦମାଳ। ପଢ଼ିଲେ ତ ଓଲଟି ଯାଉଥିବ ଦୃଶ୍ୟ ପରେ ଦୃଶ୍ୟ। ନାନା ରୂପେ, ନାନା ଭାବେ, ଚମତ୍କାରିତାରେ ପରିପୂର୍ଣ୍ଣ ହୋଇ। 'ତମରି ପ୍ରିୟ ହାତେ' କବିତାରେ କହୁଛନ୍ତି କବି- ସମୟ ଯେତେ ଭ୍ରାନ୍ତି ଆଣିବ ଆଣୁ। ତମେ ପଛେ ଶୋଇପଡ଼ିଥାଅ। ରାଶିଏ ଫୁଲ କିଣି ଆଣିଥିଲି ତମ ପାଇଁ। ତମରି ସେଇ ପ୍ରିୟ ହାତରେ ଦେବାକୁ ଚାହେଁ। 'ଭୋକ' କବିତାରେ ବୁଢ଼ାଲୋକଟା ଶୋଇ ପଡ଼ିଛି ଓଡ଼ିଶାର ସୁବର୍ଣ୍ଣବାଲିରେ। ଚାଲିଯାଇଛି ଦୁଃଖ, ଶେଷ ହୋଇଛି ପେଟପାଟଣାର ଯୁଦ୍ଧ। ହୁଏତ ସେ ହାରିଯାଇଛି। ଦେଖେଇ ଦିଆଯାଇଛି ଅଧଃପତନ କେମିତି ହୁଏ 'ଅଧଃପତନର କାହାଣୀ'ରେ। ଯେଉଁଦିନ ତୁମେ ଦୁର୍ଲଭ ହୋଇଗଲ, ଅହଂକାରରେ ବୁଡ଼ିଗଲ, ଔଦ୍ଧତ୍ୟର କଳଙ୍କିତ ବଳୟ ଭିତରେ ରହି ଅନ୍ୟକୁ ନଗଣ୍ୟ ମଣିଲ, ସେଇ ଦିନଠାରୁ ଆରମ୍ଭ ହୋଇଗଲା ଅଧଃପତନ।

ମଣିଷ କଣ କରିଚାଲିଛି ତାର ଜୀବନକାଳ ଭିତରେ ! ଏହା ସତ୍ୟ ଯେ ଅଙ୍କ କଷି ଚାଲିଛି ଜୀବନ ସାରା। ଯାହା ପାଉଛି ସେଥିରେ ସେ ସନ୍ତୁଷ୍ଟ ହୋଇପାରୁ ନାହିଁ। ଯାହା ପାଇଛି ତାହାକୁ ସେ ପର୍ଯ୍ୟାପ୍ତ ବୋଲି ଭାବୁନାହିଁ, ବରଂ ଦୌଡ଼ି ଚାଲିଛି ଯାହା ନପାଇଛି ତାହାରି ପଛରେ। ଏହାହିଁ ଅଙ୍କ କଷୁକଷୁ କବିତାର ନିର୍ଯ୍ୟାସ। ଏହି ଅଙ୍କ

କଷିବାଟା ଆହୁରି ବିସ୍ତୃତ ହୋଇ ପରିବ୍ୟାପ୍ତ ହୋଇଛି 'ବାଣିଜ୍ୟିକ କବିତା' କବିତାରେ। କବି କହୁଛନ୍ତି, ନିଜକୁ ପଣ୍ୟ ବଜାରରେ ବିକି ପାରିଲିନାହିଁ। କ୍ଳେଶଜ କୈଶୋର ବାରମ୍ବାର ପୁନରାବୃତ୍ତ ହେଉଛି। ବେଳ ବଢ଼ି ବଢ଼ି ଖରା ହେଉଛି, ତାପରେ ଦ୍ୱିପ୍ରହର ଓ ତାପରେ ଅପରାହ୍ଣ। କିଣାବିକା ଶେଷ ହେବା ଆଗରୁ ପଣ୍ୟବଜାରରେ ତୁଲ୍ୟମୂଲ୍ୟରେ ମୁଁ ନିଜକୁ ବିକି ପାରିଲି ନାହିଁ।

କବିତାରେ କେମିତି ଚିତ୍ରକଳ୍ପ ପ୍ରଦାନ କରାଯାଏ, ତାହା 'ନୂଆ ବର୍ଷ' କବିତା ପଢ଼ିଲେ ହିଁ ବୁଝି ହୋଇଯିବ। ନୂଆବର୍ଷ ପାଇଁ ସଂକଳନରେ ସ୍ଥାନିତ ହୋଇଛି ଦୁଇଗୋଟି କବିତା। ନୂଆବର୍ଷ-୨ରେ କୁହାଯାଇଛି ଯେ ବହୁତ ବକେୟା ଶୁଝିଦେଇ ଜୀବନରେ ଯିଏ ହାଲ ଖାତା ଖୋଲିଦିଏ ତାହାହିଁ ନୂଆବର୍ଷ। ନୂଆବର୍ଷ-୧ରେ କୁହାଯାଇଛି ଯେ ଶୁଖିଲା ଡାଳ କାଟୁକାଟୁ ବିତିଗଲା ଦିନଟା, ଅର୍ଥାତ୍ ବିତିଯାଉଥିବା ସମୟକୁ ଆମେ ନିରର୍ଥକ କାର୍ଯ୍ୟରେ ବିତାଇ ଦେଇଛୁ ଏବଂ ନିଜକୁ ପ୍ରଶଂସା କରୁଛୁ ଅନେକ ଭଲ କାମ କରିଛୁ ବୋଲି। ଏହାକୁ କେବଳ ତୁଳନା କରାଯାଇ ପାରେ ପରୀକ୍ଷାରେ ଫେଲ ହୋଇ ଯାଇଥିବା ପିଲାକୁ ଆଶ୍ୱାସନା ଦେବା ପରି।

ଏହି ଚର୍ଚ୍ଚାର ଶେଷ ପ୍ରସଙ୍ଗ ଭାବରେ ଶେଷ କବିତା 'ମୁଦ୍ରା'କୁ ପରିଲକ୍ଷ୍ୟ କରାଯାଇପାରେ। ମୁଦ୍ରାକୁ ଏତେ ପ୍ରାଧାନ୍ୟ ଦିଆଯାଇଛି ଯେ କବିତା ସଂକଳନର ନାମକୁ ସେହି ନାମରେ ନାମିତ କରାଯାଇଛି। କବିଙ୍କ ମତରେ ଆଜି ମୁଦ୍ରା ହିଁ ନିୟନ୍ତ୍ରିତ କରୁଛି ସମଗ୍ର ପୃଥିବୀକୁ। ଯାହା ପାଖରେ ମୁଦ୍ରା ରହିଛି ସେ କିଣି ନେଇ ପାରୁଛି ମଣିଷକୁ ଓ ଜିଣି ନେଇ ପାରୁଛି ହୃଦୟକୁ। ନ୍ୟାୟ ଓ ଅନ୍ୟାୟ ଗୋଟିଏ ମୁଦ୍ରାର ଦୁଇ ପାଖ ପରି, ମାତ୍ର ମୁଦ୍ରା ବେଳେବେଳେ ହଜୁରଙ୍କୁ ଗିଳି ଦେଉଛି। ମୁଦ୍ରାର ସାନିଧ୍ୟ ପାଇ ନ୍ୟାୟ ପ୍ରଦାନକରିବା ବ୍ୟକ୍ତି ଅନ୍ୟାୟକୁ ବି ବରଦାସ୍ତ କରିପାରୁଛନ୍ତି। ମୁଦ୍ରା ବଳରେ ବିଚାର ପ୍ରକ୍ରିୟା ବି ହୋଇଯାଉଛି ଭୂଲୁଣ୍ଠିତ। ମୁଦ୍ରା କଣ୍ଠଦେଶରୁ ଓଟାରି ନେଉଛି ଶବ୍ଦ ଓ ଗଳାମଧ୍ୟରୁ ଶୁଖାଇ ଦେଉଛି ଉଚ୍ଛ୍ୱାସ। ମୁଦ୍ରା ବଳରେ ହାକିମ ହୋଇ ଯାଉଛନ୍ତି ନତମସ୍ତକ ଓ ଆସାମୀ ପାଲଟି ଯାଉଛି ନ୍ୟାୟଦାତା। ସଂସାର ହୋଇଯାଉଛି ମୁଦ୍ରାମୟ।

ଯେତେବେଳେ ପଢୁଛି ମୁଁ ବାଞ୍ଛାନିଧି ମହାନ୍ତିଙ୍କ କବିତା ସକଳ। ଭାବର ପ୍ରାଚୁର୍ଯ୍ୟ ତହିଁ ଲଳିତ ସେ ଶବ୍ଦ ମାଳମାଳ। ଅନୁଭବ କଲି ଯେବେ କବିଙ୍କର କାବ୍ୟିକ କୌଶଳ। ହୃଦହେଲା ପରିପୂର୍ଣ୍ଣ ମନହେଲା ପ୍ରଫୁଲ୍ଲ ଉତ୍ତାଳ। କବି ଏ କବିତାଗ୍ରନ୍ଥେ ଓଡ଼ିଶାରେ ଲଭୁଥାନ୍ତୁ ଖ୍ୟାତି। ଶତ ଶରତକୁ ଲଭି ଜୀବନରେ ଭରିଉଠୁ ଶାନ୍ତି।

ଡ. ଲକ୍ଷ୍ମୀକାନ୍ତ ତ୍ରିପାଠୀ

ସୂଚିପତ୍ର

କାୟାକଳ୍ପ	୧୫
ଅବୁଝା ବାଳିକା	୧୬
ତମର ପ୍ରିୟ ହାତେ	୧୭
ମନର ଆବେଗ	୧୮
ଭୋକ	୧୯
ଅଧଃପତନର କାହାଣୀ	୨୦
ଅଟଳତାର ଗାନ	୨୨
ଜ୍ୱଳନ୍ତ ଡେକ୍	୨୩
ଅଙ୍କ କଷୁକଷୁ	୨୫
କିଏ କାହାର	୨୭
ଦ୍ୱନ୍ଦ୍ୱର ନିଶାନ୍ତ ପ୍ରହରରେ	୨୮
ଉଡ଼ନ୍ତ ସୁରଭି	୩୦
ଅପନ୍ତରାର ଫୁଲ	୩୧
ବାଣିଜ୍ୟିକ କବିତା	୩୨
ଦେଖା ସାକ୍ଷାତ୍	୩୪
ସମୟ ଲୋଡ଼ଇ ଯାହା	୩୫
କେତେ ଅଜଣା	୩୬
ଯୋଗାଯୋଗ	୩୭
ଉତ୍କଳିକା	୩୮
ଅପ୍ରତ୍ୟାଶିତ	୪୦
ହେ ସାଥୀ ତୁମକୁ	୪୧
ତୁମେ ନାହିଁ ଥିଲାବେଳେ	୪୩
ରୂପବନ୍ତ ଗୁଣବନ୍ତ	୪୫
ବ୍ୟାସକବିଙ୍କୁ	୪୭
ଲେନିନ	୪୮
ଭାରବାହୀ	୪୯
ରାଇବଣିଆ	୫୦
ଶ୍ରାବଣ	୫୧
ଲଳିତ କାମୋଦୀ	୫୨
ଚିରନ୍ତନତା	୫୩
ଅଂଧ(କ) ସରୋବର	୫୪
ଦର୍ପଦଳନ	୫୫

ଘର ଖୋଜିବା	୫୭
ନୂଆବର୍ଷ-୧	୫୮
ନୂଆବର୍ଷ-୨	୫୯
କାହାର ଜନ୍ମଦିନରେ	୬୦
ଲୋକକଥାର ଛନ୍ଦ	୬୨
ଅଭିମାନ	୬୪
ଦର୍ପଚୂର୍ଣ୍ଣ	୬୫
ବନ୍ଧୁର ଠିକଣା	୬୭
ନିଜସ୍ୱ ପଦାବଳୀ	୬୮
ଚଇତାଲି-୧	୬୯
ଚଇତାଲି-୨	୭୧
ଶ୍ରଦ୍ଧାଭାଜନେଷୁ	୭୨
ଜନନୀର ଜୟଜୟନ୍ତୀ	୭୩
ମଞ୍ଜାଇ	୭୫
ଯେତେଯେତେ	୭୬
ନୂଆ ସମୟ	୭୭
ରକ୍ତାକ୍ତ କାମନା	୭୮
ଶାରଦୀୟା	୭୯
ଛୋଟପକ୍ଷୀ	୮୦
ଘୁମୁସର	୮୨
ନାନ୍ଦନିକ	୮୩
ଚଲାବଟ	୮୪
ହେ ମହାନ	୮୫
ଦିନକର ଦିନେ	୮୬
ବେଳା ଅବେଳାରେ	୮୭
ଅନ୍ତରଙ୍ଗ	୮୯
ତୁମ ସ୍ମରଣରେ	୯୦
ସମୟର ଆହ୍ୱାନ	୯୧
ହେ ନମସ୍ୟ	୯୨
ରାମକେରୀ-୧	୯୩
ରାମକେରୀ-୨	୯୫
ମନର କଳ୍ପନା	୯୭
ଭାଟିଆରୀ	୯୯
ମୁଦ୍ରା	୧୦୦

କାୟାକଳ୍ପ

କାହିଁ କେଉଁ ପାହାଡ଼ କଡ଼ରେ
ଛୋଟ ଏକ ନଈ ବହିଯାଏ
ନଈ କଡ଼େକଡ଼େ ବିଶଲ୍ୟକରଣୀ
ଜଙ୍ଗଲର ଶୋଭା ବହେ ।
କାହିଁ ଦୂରେ ଲମ୍ବା ତାଳବନ ॥

ଉଦ୍ୟାନ ପରି ମେଲିଛି ବିଶଲ୍ୟକରଣୀ
ଏଣେତେଣେ ମହୁଲ ଫୁଲରେ
ଗୁଣୁଗୁଣୁ ମହୁମାଛି ଧ୍ୱନି ।

ବିଶ୍ରାମ ଲାଗି ଫେରନ୍ତି ପକ୍ଷୀମାନେ
ଦ୍ୱିପ୍ରହର ଗଡ଼ିଗଲାବେଳେ ନିଜର ନୀଡ଼କୁ
ଆହାର ଦେବାକୁ ନିଜ ଶାବକମାନଙ୍କୁ ।
ଆନ୍ଦୋଳିତ କରୁଛନ୍ତି ମାଛମାନେ ନଈର ଜଳକୁ,
ଶିମୁଳୀର ରକ୍ତଫୁଲ ଭାଷାନ୍ତର କରେ କାମନାକୁ ।

ପ୍ରକୃତି ମେଲିଛି ଏଠି ରୂପର ପସରା ।
ନଈ ଆଉ ପାହାଡ଼ କଡ଼ରେ
ବିଶଲ୍ୟକରଣୀ ଏଠି ବିରାଜିଛି ଚାରିଆଡ଼େ
ସଂଜୀବନୀ ପରି । ସବୁକିଛି ଲାଗେ ଯେହ୍ନେ
ଜୀବନର କାୟାକଳ୍ପ ପରି ।

■

ଅବୁଝା ବାଳିକା

ଝିରି ଝିରି ଆଷାଢ଼ ବର୍ଷାରେ
ନାଚିଯାଏ କୁନି ଝିଅଟିଏ
ଆନା ପାଭଲୋଭା।*

ଏକା ଏକା ଘର ଅଗଣାରେ
ମଜଗୁଲ ସହଜ ଛନ୍ଦରେ
ମୃଦୁ ମୃଦୁ ବର୍ଷାର ଖେଳରେ।

ବାଡ଼ କଡ଼େ କଡ଼େ ବଢ଼ିଯାଏ ବନଲତା
ମୃଦୁ ବରଷଣେ ମଂଜରୀ ଉଠେ ଦେହ
ରେବତୀ ମୀନର ଝିରି ଝିରି ବରଷାରେ।

କେଉଁ ତାଳେତାଳେ ଖେଳୁଛି ତାହାର ପାଦ
ମେଘ ମଲ୍ଲାରେ ମାତିଛି ଦେହର ଛନ୍ଦ
ମଜ୍ଜି ଯାଇଛି ପ୍ରାକୃଟ ବରଷାରେ।

ମଉସୁମୀ ମେଘ ବରଷେ ଅଂଗନରେ
ମୀନ ନୟନୀ କି ମଜଗୁଲ ଅଭିସାରେ,
ଅପରାହ୍ଣର ଝିରି ଝିରି ବରଷାରେ।
ସମ୍ଭାବିତ ଯୌବନର ଆଦ୍ୟ ଅଂଗନରେ।

■

*ସୁଖ୍ୟାତ ଋଷୀୟ ବ୍ୟାଲେ ନୃତ୍ୟାଙ୍ଗନା

ତମର ପ୍ରିୟ ହାତେ

ତମର କ'ଣ ଲକ୍ଷ୍ୟ ନାହିଁ
ମୋର ଗାଂଡିବକୁ
ତୁମର କ'ଣ ଇଚ୍ଛା ନାହିଁ
ଦୁଷ୍ଟ ଦମନକୁ।

ରାଶିଏ ଫୁଲ କିଣିଥିଲି
ବନ୍ଧୁ ତମ ପାଇଁ,
ଘରକୁ ଗଲି, ଫେରି ଆସିଲି
ତମେ ପଡ଼ିଛ ଶୋଇ !

ସମୟ ଯେତେ ଭ୍ରାନ୍ତି ଆଣୁ
ଆମର ଯାତ୍ରାପଥେ
ତଥାପି ଫୁଲ ଦେବାକୁ ଚାହେଁ
ତମର ପ୍ରିୟ ହାତେ।

ମନର ଆବେଗ

(ମଦନ ମହାନ୍ତି)

ରାଶିଏ ଫୁଲ କିଣି ଦେଲି
ଦିନେ ମୁଁ ତମ ପାଇଁ,
ତମକୁ ଦେବି, କିପରି ଦେବି
ଜାଣି ପାରିଲି ନାହିଁ।
କିଏ ସେ ମୋର ବନ୍ଧୁ ! ସଖା !
କିଏ ସେ ସହୋଦର,
କିଏ ସେ ମୋତେ ପ୍ରାଙ୍କ କରେ
କରେ ଲମ୍ବୋଦର।

ତୁଚ୍ଛ ଏଇ ଆୟୋଜନ
ତୁଚ୍ଛ ଏଇ ଫୁଲ,
ତୁମେ ତ ଜାଣ ଦେବାନେବା
ବନ୍ଧୁତାର ମୂଳ।

ସମୟ କେତେ ଦ୍ୱନ୍ଦ୍ୱ ଆଣେ
ଆମର ଯାତ୍ରା ପଥେ,
ତୁମେ, ମୁଁ କି ଫେରିବା ନାହିଁ
ପୁନଶ୍ଚ ଏକ ରଥେ।

■

ଭୋକ

ଶୋଇ ପଡ଼ିଛି ବୁଢ଼ା ଲୋକଟା
ନଈ ପଠାରେ
ଉତ୍ତୀର୍ଣ୍ଣ କଂକାଳ ଏକ
ଓଡ଼ିଶାର ସୁବର୍ଣ୍ଣ ମାଟିରେ ।

କିଏ ବୁଝିଛି ଝାଟି ମାଟିର ଦୁଃଖଭାର
ଶାନ୍ତ ହୋଇଛି ପେଟ ପାଟଣାର
ଯୁଦ୍ଧ ତାର ବିସ୍ତୀର୍ଣ୍ଣ
ବାଲି ଶଯ୍ୟାରେ ।

ଜୀବନର ଗୋଲାପ ଯୁଦ୍ଧରେ
ଏ ଜାତିର ପିତାମହ ପରି
ଶୋଇ ପଡ଼ିଛି ଶରଶଯ୍ୟାରେ ।

ଶାନ୍ତ ହୋଇଛି
ପେଟ ପାଟଣାର ଯୁଦ୍ଧ ତାର
ଆଉ ଝାଟିମାଟି ନୁହେଁ
ବାଲୁକାଶଯ୍ୟା ହେବ
ଜୀବନର ନୂଆ ରୂପାନ୍ତର ।

ସତେ କ'ଣ ହାରି ଯାଇଛି ଲୋକଟା
ଜୀବନର ଗୋଲାପ ଯୁଦ୍ଧରେ
ଶୋଇ ପଡ଼ିଛି
ଏ ଜାତିର ପିତାମହ ପରି
ଶରଶଯ୍ୟାରେ । ■

ଅଧଃପତନର କାହାଣୀ

ଏଡ଼େ ଦୁର୍ଲଭ ହେବାକୁ ଚେଷ୍ଟା କରନା
ଟିକେ ସହଜ ହୋଇଯାଅ
ଜୀବନ ଛନ୍ଦମୟ ହୋଇଯିବ।

ଆମେ ତ ତମକୁ ନିକଟରେ ଚାହୁଁ
ପ୍ରିୟପରିଜନ ପରି,
ମହୀରୁହ ପରି, ଛାଇ ପରି।

ଏପରି କ'ଣ ହେଲା ଯେ ଦିନକୁ ଦିନ
ଅହଂକାରରେ ବୁଡ଼ିଗଲ,
କିପରି ବିଚ୍ୟୁତ ହୋଇଗଲ
ଜୀବନର ସହଜ ସରଳ ଧାରାରୁ।

କେଉଁଠି ଧୋକା ଖାଇଗଲ କି ?
ନାଁ ସମସ୍ତଙ୍କୁ ଧୋକା ଦେବାର
କଳା କୌଶଳରେ ରହିଗଲ।

ଏବେ ତ ତୁମ ଚତୁର୍ଦିଗରେ
ଔଦ୍ଧତ୍ୟର କଳଙ୍କିତ ବଳୟ,
କେଡ଼େ ନଗଣ୍ୟ ମଣୁଛ ଅନ୍ୟକୁ।

ଦିନେ ତ ତମେ ସହଜ ଥିଲ ବୋଲି
ଆମେ ଗର୍ବରେ ଭରି ଯାଇଥିଲୁ,
ଦିନେ ତ ଆମେ ତୁମକୁ

ଶାଳପ୍ରାଂଶୁ ବୋଲି ଭାବିଥିଲୁ,
ହଠାତ୍ ଏଡ଼େ ଦୁର୍ଲଭ ହେବାକୁ
ଚେଷ୍ଟା କଲ କାହିଁକି ?

ବେଳେବେଳେ ଶଂକିତ ଲାଗୁଛ
କାଳେ ଧରାପଡ଼ିଯିବ କି !

ତୁମେ ତ ଧରାପଡ଼ି ଯାଇଛ
ଆମ ଆଗରେ, କେଡ଼େ
ଅସହାୟ, ନଗଣ୍ୟ ଲାଗୁଛ
ଆମ ଆଗରେ ।

ହଠାତ୍ ଏପରି କୃତ୍ରିମ ହେବାକୁ
ଗଲ କାହିଁକି ! ଅନ୍ଧ ଗଳିରେ
ବୁଲୁଥିବା ଶୟତାନ ପରି ।

ଜୀବନ ସହଜ କଥାରେ ରୂପପାଏ
ଅନାବିଳତାର ଛନ୍ଦରେ
ଭରି ରହିଥାଏ ନିବିଡ଼ ପ୍ରେମ ।

ସବୁ କଥାକୁ ଏଡ଼େଇ ଦେଇ
ଏଡ଼େ ଦୁର୍ଲଭ ହେଲ କାହିଁକି ?

■

ଅଟଳତାର ଗାନ

କାହା ହାତରେ ଟେକି ଦେଉଛି
ଦେଶର ଧନ, ମାନ।
କାହା ହାତରେ ସଁପି ଦେଉଛି
ଜନତାର ସମ୍ମାନ।

କିଏ ସେ ମୋତେ ଶପଥ ଦିଏ
ଜାତୀୟ ଏକତାର
କିଏ ସେ ମୋତେ ଡରତର କରେ
ଶତ୍ରୁ ଆସିବାର।

ଶଠତାର ଅନ୍ଧକାର
ଘୋଟିଛି ମୋର ଦେଶେ
ଅକ୍ଟୋପାସ ପରି ଯାହା
ଗ୍ରାସିବାକୁ ଆସେ।

ମୋତେ ହେବାକୁ ହେବ
ଅଟଳ, ଏକ।

ଜ୍ୱଳନ୍ତ ଡେକ୍

ମୋତେ ଜ୍ୱଳନ୍ତ ଡେକ୍‌ରେ
ବସାଇ ଦେଇ
କୁଆଡ଼େ ଚାଲିଗଲ ବାପା !

ତୁମେ ଦେଇଥିବା ନିଶାଣ
ଏବେବି ତ ମୋର କର୍ତ୍ତବ୍ୟ ପଥରେ
ପ୍ରଜ୍ୱଳିତ ହେଉଛି
ପ୍ରତିଜ୍ଞା ପରି ।

ତୁମେ ଗଲା ପରଠାରୁ ଅନେକ ଘଟଣା
ଘଟିଗଲାଣି ଅନେକ ଦୁଃଖ ବିଷାଦ
ଘାତ ପ୍ରତିଘାତର ।

ଏ ସବୁ ତମକୁ କହି ହେଲାନାହିଁ ।।

ତୁମେ ଦେଇଥିବା ଦମ୍ଭ ବେଳେବେଳେ
ମୂର୍ଚ୍ଛାହତ ହୋଇଯାଏ କାଳର ଗତିରେ,
ଦିନେ ଯାହା ଅନ୍ତରଂଗ ଥିଲା
ଆଜି ସବୁ ଅନ୍ତରାୟ ହୋଇଗଲାଣି ।।

ତୁମେ ଗଲା ପରଠାରୁ କେତେ କ'ଣ
ଭାଙ୍ଗି ଗଲାଣି ବିପରୀତ ବାଣିଜ୍ୟବାୟୁରେ ।
ଭରସାର ଡେକ ବି ଜଳି ଜଳି ଆସୁଛି ।

ଆଉ କେତେଦିନ ଏଇ ଜ୍ୱଳନ୍ତ ଡେକରେ
ଛିଡ଼ା ହୋଇଥିବି ?

(କବିତାଟି ଏମିଲିଆ ଡୋରଥିଆ ହେମାନ୍‌ସଙ୍କ 'କାସାବିଏଙ୍କା'
ଛାୟାରେ ଲିଖିତ)

ଅଙ୍କ କଷୁକଷୁ

ଅଙ୍କ କଷୁକଷୁ
ଆମେ ସରିଗଲେଣି।
କେତେ ଭୁଲଭ୍ରାନ୍ତି
କେତେ ଧୋକା ଖାଇଲେଣି।

ତଥାପି ଅଙ୍କ କଷିବାର
ଆଦତ ଗଲାନାହିଁ।

ଯାହା ଯାହା ମିଳିଛି ସେଇଥିରେ
ଆମର ଚଳିଥାନ୍ତା।
କିନ୍ତୁ ରୁକ୍ମିଣୀ ହରଣ କଲାପରେ
ପୁଣି ସତ୍ୟଭାମା-ଯିବା
କ'ଣ ଦରକାର ଥିଲା ?

ଆମେ ଭୁଲିଗଲେ
ଆମେ ପଛରେ ଛାଡ଼ି ଆସିଲୁଁ
ଯେଉଁ ଶତାବ୍ଦୀ
ସେଟାବିତ ଆମର ଥିଲା।

ଆମେ ଯାହା ପାଇଛୁ
ସେଥିରେ ଆମେ ତୃପ୍ତ ହେଲୁ ନାହିଁ
ଆମେ କେବେ ବୁଝିଲୁ ନାହିଁ ଯେ
ଯାହା ପ୍ରାପ୍ତ, ତାହା ପର୍ଯ୍ୟାପ୍ତ ବୋଲି ।

ସଦାବେଳେ ଅପ୍ରାପ୍ତି ପାଇଁ ଅକ୍ଳାନ୍ତ ଦୌଡ଼ ରହିଲା
ଏହିପରି ଅଙ୍କ କଷୁକଷୁ
ଆମେ ସରିଗଲେଣି ।

କିଏ କାହାର

ଘର ଭାଙ୍ଗିଗଲେ କ'ଣ ଗଢ଼ିହୁଏ;
ଜୀବନରୁ ରାଗ-ରାଗିଣୀ ହଜିଗଲେ
କ'ଣ ଫେରି ଆସେ ?

ଭାଂଗି ରୁଜି ଯିବାର ଗୋଟାଏ ଆଦତ ଅଛି
କ୍ଷୟ କ୍ରମେ କ୍ରମେ ଅବକ୍ଷୟର ରାସ୍ତା ଧରେ
ମରଦେହୀର ଗୋଟାଏ ଆଦତ ଅଛି
ଯାହା ଅବକ୍ଷୟରୁ ନଷ୍ଟ ଆଡ଼କୁ;

ଦୁଃଖ ବିଷାଦର ଆଦତ୍ ଏହିପରି ।

ବାପା ! ତୁମ ଦୟାଦାକ୍ଷିଣ୍ୟରେ
ବଢ଼ିଥିବା ଲୋକେ ଆଜି ଏହିପରି
ସେମାନେ ସମୟର ଗତିରେ
କୃତଘ୍ନ ପାଲଟି ଗଲେଣି;
ପ୍ରତିଦାନ ଠାରୁ ସେମାନେ ଅନେକ ଦୂରରେ
କିଏ ବୁଝି ପାରିବ ସେମାନଙ୍କ ଗତ ।

ଏଇ ମରଜଗତରେ କିଏ କାହାର
ଶୁଣି ପାରେ ଜୀବନର ରାଗରାଗିଣୀ ।

■

ଦ୍ୱନ୍ଦ୍ୱର ନିଶାନ୍ତ ପ୍ରହରରେ

ମୁଁ ତ ଚିରକାଳ
ସଂକୁଚିତ ଭାୟୋଲେଟ।
କିଏ ସେ ରୁଦ୍ଧ କରିଛି
ସୂର୍ଯ୍ୟାଲୋକ ମୋର
କିଏସେ ରୁଦ୍ଧ କରିଛି
ମୋର ପ୍ରସ୍ଫୁଟନ;
ସ୍ତବ୍ଧ କରିଛି ମୋର
ସୁରଭିତ ବିନ୍ୟାସ।

ଏଣେ ଋତୁ ଯେ ବିଳମ୍ବିତ
ମୋର ପ୍ରତୀକ୍ଷାରେ।

ନାଁ, ନାଁ ଏଥର ମୋତେ
ଫୁଟିବାକୁ ହେବ
ଅପ୍ରତିହତ ଦର୍ପରେ
ଜାଗ୍ରତ ରୂପକ ପରି।

ଏଥର ମୁଁ ଭାଙ୍ଗିଦେଇ
ଯେତେ ବ୍ୟାରିକେଡ୍
ଆବୋରି ନେବି ଯେତେ ସୂର୍ଯ୍ୟାଲୋକ।

ଏଥର ମୁଁ ସମାପ୍ତ କରିଦେବି
ବିଳମ୍ବିତ ଋତୁର ଯନ୍ତ୍ରଣା
ଏଥର ମୁଁ ଫୁଟିବି
ନିଶାନ୍ତ ପ୍ରହରରେ ।

■

ଉଡ଼ନ୍ତ ସୁରଭି

ନଷ୍ଟ କରି ଦେଇଛି
ଏକ ଉଜ୍ଜ୍ୱଳ ସମ୍ଭାବନା
ଯାହା ଗଢ଼ି ଥାଆନ୍ତା
ଏକ ଗରିମାମୟ ଭବିଷ୍ୟତ।

ନଷ୍ଟ କରି ଦେଇଛି
ଦେହ ସୌଷ୍ଠବ
ଯାହା ସୁଶୋଭିତ କରିଥାନ୍ତା
ଜୀବନର ରଂଗମଂଚ।

କେତେ ପ୍ରଚ୍ଛନ୍ନ ଧକ୍କାରେ
ଭାଂଗି ପଡ଼ିଛି,
ଜୀବନର ପଲ୍ଲବିତ ଡାଳଗୁଡ଼ିକ।

ତଥାପି ତ ଭଂଗାଡ଼ାଳ
ଗଜୁରି ଯାଏ, ଫୁଲରେ ମହକିଯାଏ
ଉତ୍ତାଳ ଛନ୍ଦରେ।
ଉଡ଼ନ୍ତ ସୁରଭି କେତେ
ଭରିଯାଏ ଜାକଜମକରେ।

ଅପନ୍ତରାର ଫୁଲ

ବାଡ଼ କଡ଼େକଡ଼େ
ଅନାବନା ଫୁଲ ଫୁଟିଛି
କିଏ କେତେ ପ୍ରକାର ନାମ ଦେଇଛି ।

ଫୁଲଗୁଡ଼ିକ ନାରଂଗୀ
ସାମାନ୍ୟ ରକ୍ତଛିଟା ପାଖୁଡ଼ାରେ
ଯେପରି ଫୁଟିବାର ରକ୍ତାକ୍ତ ଅଭିଯାନ
ଅପନ୍ତରାରେ, ବାଡ଼ କଡ଼ରେ ।

ସିଏ ଅପନ୍ତରାରେ ଫୁଟିପାରେ
ବିନା ଯତ୍ନରେ, ଭରପୁର ରୂପରେ ।
ସେ ବି ମୁଗ୍ଧ କରିପାରେ ଦର୍ଶକକୁ
ନିଜ ଲାବଣ୍ୟରେ ।

ଦେଖିବାର କ'ଣ ଶେଷ ଅଛି
ନା ଦେବା ନେବାର ଶେଷ ଅଛି ।
ନା କବିତାର ଶେଷ ଅଛି !

ବାଣିଜ୍ୟକ କବିତା

ନିଜକୁ କ'ଣ ବିକି ପାରିଲି
ପଣ୍ୟ ବଜାରରେ ?

ନିଜକୁ କ'ଣ ଜାହିର କରିପାରିଲି
ନିଜ ପରି ତୁଲ୍ୟ ମୂଲ୍ୟରେ ?

କେତେ ଧକ୍କାରେ ଲାଞ୍ଛିତ ଅହଂକାର
କେତେ ଅନ୍ଧକାରରେ ଆଚ୍ଛନ୍ନ ଜୀବନ।
ଯେତେ ଯେତେ ଚେଷ୍ଟା କଲେ ବି
ବାରମ୍ବାର ପୁନାରାବୃତ୍ତ ହେଉଛି
କ୍ଲେଶଜ କୈଶୋର
ସବୁ ଭାଙ୍ଗି ଦେଇଯାଉଛି କ୍ଷଣିକରେ।

ଯାହା ଯାହା କହିବାକୁ ଚାହୁଁଛି
ତାହା କ'ଣ ଅକ୍ଳେଶରେ
କହି ପାରିଲି,
ସମୁଚିତ ଢଙ୍ଗରେ ?

ବେଳ ବଢ଼ି ବଢ଼ି ଖରା
ଖରା ବଢ଼ି ବଢ଼ି ଦ୍ୱିପ୍ରହର
କ୍ରମେ ଅପରାହ୍ଣ ଆଡ଼କୁ
ଢଳି ଚାଲିଛି ଜୀବନ।

ହୁଏତ ବଜାର ଖାଲି ହୋଇଯିବ
କେତେ ପ୍ରହର ଅନ୍ତରରେ
ମୁଁ କ'ଣ ନିଜକୁ ବିକି ପାରିବି
ପଣ୍ୟ ବଜାରରେ ତୁଲ୍ୟ ମୂଲ୍ୟରେ
ନା କାବ୍ୟ କବିତାରେ
କିଣାବିକା ଶେଷ ହେବା ଆଗରୁ !

ଦେଖା ସାକ୍ଷାତ୍

ଏମିତି କେତେ ଗଳ୍ପ କଲେ ସେଦିନ
ବହୁଦିନର ବ୍ୟବଧାନ ପରେ, ସାକ୍ଷାତରେ
କଥାରୁ କଥା, ବିଷୟରୁ ବିଷୟାନ୍ତର
ଧ୍ୟାନ ରହିଲା ନାହିଁ ଗୋଟାଏ ଗଳ୍ପରେ।

କେଉଁଠି ହଜାଇ ଥିବା ଦିନ
କାହାର ଲୋଟି ଯାଇଥିବା ହୃଦୟ
କାହାର ଲାଟ* ଖାଇଥିବା ସଂପଦ
କାହାର ଭାଂଗି ଯାଇଥିବା ଦେହ।
ଚାଲିଯାଇଥିବା ନାଟ୍ୟକାର କୁଂଜ ରାୟ
ଶଯ୍ୟାଶାୟୀ ମଦନ ମହାନ୍ତି।

କେତେ ନିକଟ ଆତ୍ମୀୟଙ୍କ କାହାଣୀ
କାହାର ବଦାନ୍ୟତା, କୃତଜ୍ଞତା
ଆନନ୍ଦ ଓ ବିଷାଦର କେତେ ଫର୍ଦ
ବହୁଦିନର ବ୍ୟବଧାନ ପରେ।

ମୁହୂର୍ତ୍ତର ଏହି ସାକ୍ଷାତରେ
ଅନେକ ଘଟଣା ଘଟିଗଲା
ନାନା ପରିପାଟୀରେ ଭରିଗଲା ହୃଦୟ।

■

***ଲାଟ- ପୁରାତନ, ଜୀର୍ଣ୍ଣ, ମଳିନ।**

ସମୟ ଲୋଡ଼ଇ ଯାହା

ସମୟର ଲୋଡ଼ା ଯାହା
ମୁଁ ତ ତାହା ଦେଇ ପାରିନାହିଁ
ମୁଁ ଖଣ୍ଡିଏ ଭସାମେଘ
ଦିଗନ୍ତରେ ଯାଉଛି ଉଭେଇ।

ମୁକି ଜାଣେ ଯାହା ଲୋଡ଼େ
ମୋର ଜନ୍ମଭୂଇଁ
ଯାହା ଲୋଡ଼େ ପ୍ରିୟ ପରିଜନ
କିଛି ମୁଁତ ଦେଇ ପାରି ନାହିଁ।

କିବା ଏ କବିତା କିଛି
କା'ର ହୁଏ ନାହିଁ!
ହେ ବନ୍ଧୁ ତୁମେ ଯା ଚାହଁ
ମୋ ଭିତରେ କ୍ଷଣେ ଜନ୍ମି
ଯାଇଛି ଉଭେଇ।

ସମୟ ଯେ ଗଦ୍ୟମୟ
ମୁଁ କେବଳ ଯାଏ ପଦ୍ୟହୋଇ
ତୁମେ ଯେତେବେଳେ ଡାକ
ମୁଁ ତ ତାହା ଶୁଣି ପାରିନାହିଁ।

■

କେତେ ଅଜଣା

ଛୋଟ ଛୋଟ ଘଟଣାଗୁଡ଼ିକ
ଜୀବନ ଉପରେ ଏଡ଼େ ଗଭୀର
ଗାର ଟାଣି ପାରନ୍ତି, କିପରି ?

ଛୋଟ ଛୋଟ କଥାରେ
ହୃଦୟ ଛନ୍ଦମୟ ହୋଇଯାଏ
ସବୁକିଛି ଭରପୁର ହୋଇଯାଏ ।

ପୁଣି ଛୋଟ ଛୋଟ ଘଟଣା
ଜୀବନକୁ ଭାଂଗିରୁଜି
ଛାରଖାଇ କରିଦିଏ ।।

ଜୀବନର ଖେଳ ଏହିପରି,
ଛୋଟଛୋଟ କାହାଣୀର ସମାହାର ।
ଝଡ଼ର ଧକ୍କାରେ ଯେଉଁ ଚଢ଼େଇମାନେ
ନୀଡ଼ ହରା ହୋଇ ଯାଆନ୍ତି
ଭୋରହେଲା ବେଳେ ସେମାନେ ପୁଣି
ପରିବେଶକୁ କଳରୋଳରେ
ଭରି ଦିଅନ୍ତି ।
ଜୀବନ ସେତେବେଳେ ଛନ୍ଦମୟ ହୋଇଯାଏ ।

■

ଯୋଗାଯୋଗ

ଏଇ ଟେଲିଫୋନର ଅର୍ଥ ହେଉଛି
ତୁମ ସହରର ମୌସୁମୀର ହାଲଚାଲ ବୁଝିବା
ଆଉ ତୁମ ଅଧା ଅଧୁରା ଜୀବନର
ସର୍ବଶେଷ କାହାଣୀ ଶୁଣିବା ।

ତୁମର କ୍ଳେଶଗୁଡ଼ିକ ଆଗପରି ଚାଲିଛି
ନା କିଛି ଆଶାର ଝଲକ ଲାଗିଲାଣି,
ତୁମ ଆକାଶରୁ କଳାମେଘ ଅପସରି ଗଲାଣି
ନାଁ ଆଗପରି ଘୋଟି ରହିଛି ?

ବୁଝିଲ ବନ୍ଧୁ ! ଜୀବନର ଖେଳରେ
ଅନେକ ବାଜି ହାରି ଯିବାକୁ ପଡ଼େ ।
କିନ୍ତୁ ପରାଜୟ ବେଳେବେଳେ
ମହିମା ମଣ୍ଡିତ କରିଦିଏ ଜୀବନଯାତ୍ରାକୁ ।

ଖୋଜୁ ଖୋଜୁ ଅନେକ ସମାଧାନ ମିଳିଯାଏ
ପରାଜୟର ପୃଷ୍ଠାମାନଙ୍କରୁ ।
ଗ୍ଳାନି ଭୁଲି କିଛି ପ୍ରଶ୍ନରଖ
ବିଜୟର ଉତ୍ତର ଆସିଯିବ,
ପୁଣି ଜୀବନର ନୂଆ ପୃଷ୍ଠା ଖୋଲିଯିବ,
ଜୀବନ ଭରପୁର ହୋଇଯିବ ।

ଉତ୍କଳିକା

ତୁମେ ସହଜ ସଂଗତ କେଉଁ ଅପେରାରେ
ଯାହାକୁ ଶୁଣିହୁଏ ନିଶାର୍ଦ୍ଧର ରଂଗୀନ ମଂଚରେ
ତୁମେକି ରୂପକ ଅବା ପ୍ରାଦେଶିକ କାବ୍ୟକବିତାରେ,
ତୁମକୁ କି ଖୋଜିହୁଏ
ଛାନ୍ଦ, ଚୌପଦୀରେ। ଏକକ ନୃତ୍ୟଠାଣିରେ
ନିମଜ୍ଜିତ ମନ୍ଦିର ଗାତ୍ରରେ।

ତୁମକୁ କି ଖୋଜିପାଏ ଜୀବନର ଛନ୍ଦପରି
ମହାନଦୀ, ଭାର୍ଗବୀ କୂଳରେ,
ଭୋରର ଭୈରବୀ କାଳେ ଅବା ଚତୁରଂଗମେଳେ
କିମ୍ବା ପ୍ରାତଃସ୍ନାନ କାଳେ ବୈତରଣୀ ଜଳେ।

କେତେବେଳେ ଚିରନ୍ତନ ରୂପଧର ଶିଳ୍ପୀର ତୁଳୀରେ।
ସଦାବେଳେ ଉଦ୍‌ଜୀବିତ କାଳର ଧକ୍କାରେ।

ତୁମେ କନକର ଚମ୍ପା, କମଳେ କାମିନୀ
କେତେ ଗଳ୍ପ ଗଢ଼ି ଉଠେ ତୁମ କଥା ଘେନି।
କୋଣାର୍କର ନୈପୁଣ୍ୟ ଯେ ରାଜେ ତୁମଠାରେ
ପ୍ରପାତ ପରିକା ଝରିପଡ଼ ଖଣ୍ଡାଧାରେ।
କାବ୍ୟର ଲାବଣ୍ୟ ହୋଇ ଭଂଜ କବିତାରେ
କେତେ ନଦୀ ବହିଯାଏ ତୁମ ଅଂଗନରେ।
କେଉଁ ରାମଗିରି ବନେ କେଉଁ ପାହାଡ଼ରେ

ମରାଳ ମାଳିନୀ ପରି 'ଚିଲିକା'[୧] ଜଳରେ।
'କାଳୀଜାଇ' ପାହାଡ଼ ଓ ବାରବାଟୀର ଦୁର୍ଗରେ।
'ନୀଳକଇଁ'[୨] ରୂପେ କେଉଁ ଉପନ୍ୟାସ ବହିର ପୃଷ୍ଠାରେ।
ମାଘୀସ୍ନାନେ ମୁକ୍ତିମିଳେ ଚନ୍ଦ୍ରଭାଗା ଜଳେ।
ତୁମେ ତ ପାଇଛ ରୂପ 'ମହାନଦୀ-ଜ୍ୟୋସ୍ନା ବିହାରରେ।'[୩]

ଥିଲା ନଥିଲାରେ ତୁମଠାରୁ କେତେ ଯେ ପ୍ରତ୍ୟାଶା
ବାଲ୍ୟକାଳୁ ପୁଷ୍ଟ କରେ ଯେଉଁପରି ମାତୃଭାଷା।

'ଦରଶନ ବିନା କାହିଁ ଫୁଟିଛି ଗୋ ପ୍ରୀତି
ବିପୁଳ ଐଶ୍ୱର୍ଯ୍ୟ ଏହି ଉତ୍କଳ ସଂସ୍କୃତି।'[୪]

■

୧- 'ଚିଲିକା' କବିବର ରାଧାନାଥଙ୍କ କାବ୍ୟ।
୨- 'ନୀଳକଇଁ' ସୁରେନ୍ଦ୍ର ମହାନ୍ତିଙ୍କ ଉପନ୍ୟାସର ଏକ ଚରିତ୍ର।
୩- 'ମହାନଦୀରେ ଜ୍ୟୋସ୍ନାବିହାର' ମାୟାଧର ମାନସିଂହଙ୍କ କବିତା
୪- 'ଦରଶନ ବିନା କାହିଁ'- ଗଂଗାଧର ମେହେର।

ଅପ୍ରତ୍ୟାଶିତ

କେଉଁଠି ଘର କରି ଥାଆନ୍ତି
ଏଇ ଛୋଟ ଛୋଟ ଦୁଃଖମାନେ
ନ ପାଇବାର, ହରାଇବାର
ବିଷାଦ ଓ ବ୍ୟର୍ଥତାର ॥

ବେଳେବେଳେ ଏମାନେ
ଓହ୍ଲାଇ ପଡ଼ନ୍ତି ପଙ୍ଗପାଳପରି
ଜୀବନର ସବୁଜ କ୍ଷେତରେ ।
ଉଜାଡ଼ି ଦିଅନ୍ତି ସବୁ କ୍ଷଣିକରେ ॥

କେତେ ଅତଳ ଅନ୍ଧକାରରେ
ଘର କରି ଥାଆନ୍ତି ଏମାନେ
ଅଚାନକ ଛୁଟି ଆସନ୍ତି
ଜୀବନର ସ୍ୱପ୍ନକୁ ଧୂଳିସାତ
କରି ଦେବାକୁ ।

ହେ ସାଥୀ ତୁମକୁ

(ଶିବାଜୀ ପଟ୍ଟନାୟକଙ୍କୁ)

ସମୟର ଭିଡ଼େ ତୁମକୁ ହେ ସାଥୀ
ଦେଖିଛି ମୁଁ କେତେବାର
ତୁମରି ଡାକରେ ଖୋଜି ପାଇଛି ଯେ
ବଞ୍ଚିବା ଅଧିକାର ॥

ଊର୍ଦ୍ଧ୍ୱେ ଉଡ଼ାଇ ରକ୍ତ ପତାକା
ତୁମେ ଯେବେ ଯାଅ ଚାଲି
ଶତ ହୃଦୟକୁ ଗୋଟିଏ ଡାକରେ
ସ୍ୱପ୍ନରେ କରି ନାଲି ॥

ସେତେବେଳେ ମୁହିଁ ଆପଣା ହୃଦୟେ
ତମକୁ ଯେ ଖୋଜିପାଏଁ
ମହାଜନତାର ପଦର ଛନ୍ଦେ
ଧୀରେଧୀରେ ମିଶିଯାଏଁ
ତୁମେ ଏ ଜାତିର କର୍ଣ୍ଣଧାର ଯେ
କୋଟି ହୃଦୟର ସଖା
ତୁମରି ନାମ ଯେ ଶତ ହୃଦୟରେ
ବହୁ ବର୍ଣ୍ଣରେ ଲେଖା ॥

ସମୟର ଭିଡ଼େ ତୁମକୁ ହେସାଥୀ
ଲୋଡ଼ିଛି ମୁଁ ଯେତେ ଥର
ତୁମରି କଥାରେ ସ୍ୱପ୍ନ ଦେଖିଛି
ବଞ୍ଚିବା ଅଧିକାର
ତୁମରି ଡାକରେ ଭାଙ୍ଗି ପଡ଼ିବ
ଶୋଷଣର ରାଜଧାନୀ
ତୁମରି ଆଘାତେ ଚୂର୍ଣ୍ଣ ହେବ ଯେ
ପୁଞ୍ଜିର ରାହାଜାନୀ ॥

ଶୋଭାଯାତ୍ରାର ଭିଡ଼ରେଭିଡ଼ରେ
ଶୁଣିଛି ତମରି ନାମ
ଅନ୍ଧକାରରେ ଜଳୁଛ ଯେ ତୁମେ
ହୋଇ ଶିଖା ଲେଲିହାନ
ହେ ସାଥୀ ତୁମକୁ ସଂଗ୍ରାମକାଳେ
ଲୋଡ଼ିଛି ଯେ ଶତବାର
ତୁମରି ଡାକରେ ଖୋଜି ପାଇଛି ଯେ
ଜୀବନର ଅଧିକାର ॥

■

ତୁମେ ନାହିଁ ଥିଲାବେଳେ

(ସ୍ୱର୍ଗତ ହିମାଂଶୁ ନନ୍ଦୀଙ୍କୁ)

ତୁମେ ଚାଲିଗଲା ଦିନ
ଅଚାନକ ଧକ୍କା ଲାଗିଲା ଛାତିରେ
କମାଣର ଶବ୍ଦପରି ।

ଶେଷ ଦେଖା, ଶେଷ ଦୃଷ୍ଟି
ବାକି ରହିଗଲା
ବିନିମୟ ବନ୍ଦ ହୋଇ ଗଲା ସବୁଦିନ
ହୃଦୟର ।

ମନେ ପଡ଼ିଲା ତୁମର ମୁଷ୍ଟିବଦ୍ଧ ହାତ
ପ୍ରତିବାଦ, ଶୋଭାଯାତ୍ରାବେଳେ,
କିପରି ଚିତ୍କାର ଫାଟି ପଡୁଥିଲା
ତୁମରି କଣ୍ଠରୁ- ଆନ୍ଦୋଳନ ସଂଗଠିତ
କରୁଥିଲାବେଳେ ।

ଉଜ୍ଜ୍ୱଳ ଆଖିର ଜ୍ୟୋତି
ଉଦ୍ଭାସିତ ହେଉଥିଲା
ଲାଲ ପତାକାରେ ।

କିପରି କଠିନ ଥିଲା ତୁମ ଯାତ୍ରାପଥ,
ଆନ୍ଦୋଳନ, ଲାଠିମାଡ଼,
ପୁଣି କାରାବାସ।

ହାରିଯାଇନାହଁ କେବେ,
ହଟିଯାଇନାହଁ କେବେ
ସଂଗ୍ରାମ ପଥରୁ।

ରୂପବନ୍ତ ଗୁଣବନ୍ତ

(୰ ଡାକ୍ତର ବିଜୟ ଗିରିଙ୍କ ପାଇଁ)

ଆପଣ ଗଲା ଦିନରୁ ନିରାମୟ
ତା'ର ଠିକଣା ହଜାଇ ଦେଇଛି
ସହରରୁ ।
ନିରାମୟ କାଳକ୍ରମେ
ବିନିମୟର ଜଘନ୍ୟ ରୂପଧାରଣ କରିଛି ।

କେତେ ସହଜ ଓ ସୁନ୍ଦର ଭାବରେ ଆପଣ
ନିରାମୟର ସୂତ୍ରଗୁଡ଼ିକୁ ବୁଝିଥିଲେ,
ଆରୋଗ୍ୟ ବିଧାନ ଉପରେ
ଦରଦର ବିଧାନ ଆପଣଙ୍କୁ
ମହାନ କରିଥିଲା ।

ଆପଣଙ୍କ ମୁଖମଣ୍ଡଳର ହସ
ଆରୋଗ୍ୟର ପ୍ରତିଶ୍ରୁତିରେ
ଭରପୁର ଥିଲା । ଆପଣଙ୍କ
ଜଆଡେ କାୟାକଳ୍ପ ଥିଲା
କେଉଁଠୁ ଏତେ ଯତ୍ନ ଶିଖିଲେ
ଯାହା ରୋଗୀ ପାଇଁ ସଂଜୀବନୀର
ରୂପ ନେଉଥିଲା ।

ଆପଣଙ୍କ କୋମଳକାନ୍ତ ସମ୍ଭାଷଣ
ମନ୍ତ୍ରମୁଗ୍ଧ କରୁଥିଲା ପୀଡ଼ିତକୁ
ଚାହାଣିରେ ଯେପରି,
ଆରୋଗ୍ୟର ସମ୍ଭାବନା ଭରିଥିଲା ।

ଏତେ ରୂପବନ୍ତ, ଗୁଣବନ୍ତ କରି
କିଏ ଗଢ଼ିଲା ଆପଣଙ୍କୁ ?
ଆପଣ ଗଲା ଦିନରୁ
ସ୍ୱାସ୍ଥ୍ୟସେବା ତା'ର ଠିକଣା ହଜାଇ ଦେଇଛି
ଅନର୍ଥ ଅର୍ଥ ଆଗରେ ।

ବ୍ୟାସକବିଙ୍କୁ

ତୁମ ପ୍ରତିମୂର୍ତ୍ତି ଲାଗେ
ଯେହ୍ନେ ଏକ ସଶସ୍ତ୍ର ପ୍ରହରୀ,
ହାତେ ଥିବା ଯଷ୍ଟି ଦିଶେ କରବାଳ ପରି
ଜୀବିକା ଓ ସଂଗ୍ରାମର ଦୁଇ ଧାର ପରି
ବଳଙ୍ଗର ପ୍ରବାହ ଯେପରି ॥

ତୁମେ ଗୋଟାଏ ବଂଦର
ଏ ଜାତିର ଆଶା ଆକାଂକ୍ଷାର
ଅନେକ ବୋଇତ ଯହିଁ ଲଗାଇଛି
ବାଣିଜ୍ୟ କାରବାର ।

ତୁମେ ଏକ ଭାଷ୍ୟକାର ସମୟର
ଉତ୍କଳର, ମୋ ମାତୃଭାଷାର
ଯେଉଁ ଭାଷା ଉତ୍କଳ ମାତାକୁ
କରିଛି ମୁଖର ଚିରକାଳ ।

ତୁମ ପ୍ରତିମୂର୍ତ୍ତି ତଳେ କାଳ ମହାକାଳ
କରିବ ଜୁହାର,
ଗର୍ବିହୋଇ ତୁମେ ରହିଥିବ ସାରା ଉତ୍କଳର
ଅହଂକାରେ ଭରାଥିବ
ଶତ ଐତିହ୍ୟର ।

■

ଲେନିନ

ଯେବେ ମୁଁ ସଂକଟେ ପଡ଼େ
ପୁଣି ହେ ଲେନିନ ! ତମରି
ଲେଖାର ଛନ୍ଦେ ଖୋଜିପାଏଁ
ଜୀବନର ଦ୍ୱନ୍ଦ୍ୱ କେଉଁଠାରେ
ଉତ୍ତାଳିତ କରେ ମୋତେ ।

ଯେଉଁଠି ଅଟକି ଯାଏ ଗାଡ଼ି ମୋର
'ରାଷ୍ଟ୍ର ଓ ବିପ୍ଳବ'* ଦିଏ ମୋ ମାର୍ଗ
ଫିଟାଇ । ଜୀବନର ଭୁଲଭ୍ରାନ୍ତି
ମୁହୂର୍ତ୍ତକେ ଯାଏ ମୁକ୍ତ ହୋଇ
ଆହା ! କେଉଁ କୃଷକର ସନ୍ତାନ ମୁଁ
ଜୀବନର ଦ୍ୱନ୍ଦ୍ୱ ବେଳେ
ତୁମେ ମୋତେ ଦେଉଛ ବତାଇ
ମାର୍ଗ କେଉଁ ଆଡ଼େ ।

ମୁଁ ଯେବେ ସଂକଟେ ପଡ଼େ,
ଜୀବନର ଗଡ଼ାଣି ଉଠାଣି
ଏକାଶ୍ୱ ରଥଟି ମୋର
ଗଡ଼ିଯାଏ ।
ନିର୍ଦ୍ଦେଶିତ ତୁମରି ମାର୍ଗରେ ।

■

* 'ରାଷ୍ଟ୍ର ଓ ବିପ୍ଳବ' ଭ୍ଲାଦିମିର ଲେଲିନଙ୍କ ରଚିତ ଏକ ତତ୍ତ୍ୱଗ୍ରନ୍ଥ ।

ଭାରବାହୀ

ଲୋକଟା ମୁଣ୍ଡ ଉପରେ
ଅନେକ ବୋଝ,
ଯେପରି ସାରା ଜଗତର ଜଂଜାଳ
ବୋହି ଚାଲିଛି।

କେଉଁଆଡ଼କୁ ଯାଉଛି ସେ
ତା'ର ଗନ୍ତବ୍ୟ, ଅଗନ୍ତବ୍ୟର
ଠିକ୍ ଠିକଣା ବୁଝିବା ମୁସ୍କିଲ।

ଅକ୍ଳେଶ କ୍ଳେଶର ଭାର
ତାକୁ ଜରାଜୀର୍ଣ୍ଣ କରି ଦେଲାଣି
ବେଳେବେଳେ ଦୋଦୁଲ୍ୟମାନ
ତା ଦେହର ଭାରସାମ୍ୟ।

ଲୋକଟା କ'ଣ ସମୟର ଭାରବାହୀ
ନା ପରାଜିତ ଜୀବନ ଯୋଦ୍ଧା
କିଏ କହିପାରିବ ତା ଜୀବନର ରହସ୍ୟ।

■

ରାଇବଣିଆ

ଆମେ କେତେ ଅତୀତକୁ ଯାଇ ପାରିବା,
ଇତିହାସର ଗଭୀରତା
ଖୋଜିବା ଲାଗି ?

ଭଗ୍ନ ଦୁର୍ଗରାଜିରୁ
ଦେଶ ଓ ଜାତିର କିଛି ମହତ୍ୱ ବୁଝିପାରିବା;
ଜୟ, ପରାଜୟ, ପରାକାଷ୍ଠା ଓ ପରାଭବ।
ବୁଝି ପାରିବା ଜାତିକୁ ଗଢ଼ିଥିବା କଳାକୌଶଳ।

କେତେ ଅତଳକୁ ଯାଇ ପାରିବା
ଐତିହ୍ୟର। କେତେ ମଗ୍ନ କରି ପାରିବା
ଗଡ଼ ଦୁର୍ଗ, ପ୍ରାଚୀର,
ପରିଖା ଦେହରେ ନିଜକୁ
ଆମେ କ'ଣ ଖୋଜି ପାଇବା
କଳଙ୍କିତ ଅସ୍ତ୍ରରାଜିରୁ
ସୈନ୍ୟ ସାମନ୍ତଙ୍କ ହାତର ଚିହ୍ନ,
ଆମେ କ'ଣ ଖୋଜି ପାଇବା
ରାଜ ଅଂଗନରେ ନୃତ୍ୟ କରିଥିବା
ମନ୍ଦାକିନୀ ନାରୀର
ଚିତ୍ରିତ ପାଦ ପଙ୍କଜର ଚିହ୍ନବର୍ଣ୍ଣ।

ତଥାପି ତ ଐତିହ୍ୟ ପ୍ରେମରେ
ଉଦ୍‌ଜୀବିତ ହୋଇଯାଏ ହୃଦୟ ଯେପରି
ଗୌରବର ଗାଥାଶୁଣି
ରାଇବଣିଆର। ■

ଶ୍ରାବଣ

ସେ କେବେ ପାଶୋରିଯାଏ ଧେନୁ ସହ ଗୋଠକୁ ଯିବାର
ସେ କେବେ ପାଶୋରିଯାଏ ଧାନକ୍ଷେତ ମୋହରି ଗାଁର
ଛୁଟିର ବୃତ୍ତାନ୍ତ କେବେ, କେତେ ରବିବାର
ମୋ ସହପାଠିନୀ ସଙ୍ଗେ ଦୁଷ୍ଟହସ ଘର ଫେରିବାର ॥

କ୍ଷେତକୁ ଯିବାର ଇଚ୍ଛା ଶୁଣିବାକୁ ଚଉପଦୀ ଗୀତ
ଅମାନିଆ ଦିନକଟା ଫଗୁଣ ଚଇତ,
ସେ କେବେ ପାଶୋରି ଯାଏ କେସନ
ଦୁଃଖରେ, ହାୟ ବିତାଉଛି ଗାଁର ଶରତ ॥

ଜଳିଛି କେତେ ଯେ ଚିତା ଆତ୍ମୀୟଜନର
ସହର ଆସିଛି ଚାଲି ତୁଟାଇଛି ସମ୍ପର୍କ ଗାଁର
ଆଜି ଯଦି ଜଞ୍ଜାଳରୁ ଛୁଟି ମିଳେ ଛୁଟିର ପ୍ରହର
ଗାଁ କଥା ଆଣେ ଡାକି ଜହ୍ନରାତି ଆଉ କଇଁଫୁଲ ।
ସଞ୍ଜବେଳେ ଗାଁ ସଭା, ଘରେ ଘରେ ରାମାୟଣ ସ୍ୱର
ଖଞ୍ଜଣୀର ଖେମଟାଯେ ଆଖଡ଼ା ଘରର ॥

ପ୍ରାନ୍ତରର ଶ୍ୟାମଛବି, ତାଳତମାଳର
ସନ୍ଧ୍ୟା କାଳେ କଳରୋଳ ଫେରୁଥିବା ପକ୍ଷୀମାନଙ୍କର
ମୁକୁଳିତ ମାତୃପ୍ରେମ ପଡ଼ୋଶୀ ନାରୀର
ଭାଗ୍ୟହରା ଲାଗି କାନ୍ଦେ ହୃଦୟ ଯାହାର
ବେଳେବେଳେ ଝରନ୍ତ ଶ୍ରାବଣେ
ଗାଁକୁ ଫେରିବା ଇଚ୍ଛା ଜାଗେ ମନେପ୍ରାଣେ । ■

ଲଳିତ କାମୋଦୀ*

ହୃଦ ପାହାଡ଼ରେ ମନ ମିନାକ୍ଷୀ ମାତେ
ଗିରି ଶୃଙ୍ଗରୁ ଝରିପଡ଼େ କେତେ
ଗଂଗା, ଯମୁନା ଧାରା,
ପ୍ରସ୍ତରେ ପ୍ରାଣ ପାଇଲାକି ପ୍ରିୟତମା !

ଶସ୍ୟଶ୍ୟାମଳେ ଦିନୁ ଦିନ ଏହି ମାଟି
ରୂପ ବୈଭବେ ଭରିଯାଏ ଆହା
ଜୀବନର ପରିପାଟୀ
ଶିଳାରେ କି ଜାଗେ ଶୈବାଳିନୀର ଛିଟା
ପ୍ରସ୍ତରେ ପ୍ରାଣ ପାଇଲା କି ପ୍ରିୟତମା !
ତୁମେ କିଗୋ କେଉଁ ପିରତୀର ଚୋରାବାଲି
ଅଜାଣତେ କେତେ ଛପି ଯାଉଛି ଗୋ
ପୀରତିର ଚଇତାଳି ।

ଶିଳ୍ପୀ ଯେ ମୁହିଁ କର୍କଶ କେତେ ପ୍ରସ୍ତର ଦେହ କାଟି
ପ୍ରାଣର ପ୍ରତିମା ନିର୍ମାଣେ ଅନୁପମା
କେତେ ନିର୍ମମ ନିହାଣର ଧାରବାଜି
ପ୍ରସ୍ତରେ ଗଢ଼େ ଚିରାୟତ ପ୍ରିୟତମା !

ହୃଦ କନ୍ଦରୁ ବହିଯାଏ କେତେ ଗଂଗା, ଯମୁନା ଧାରା
ପ୍ରସ୍ତରେ ପ୍ରାଣ ପାଇଲାକି ପ୍ରିୟତମା !

■

*ସଙ୍ଗୀତର ରାଗବିଶେଷ। ଏହାର ଗାୟନ କାଳ ରାତିର ପ୍ରଥମାର୍ଦ୍ଧ।

ଚିରନ୍ତନତା

ଆକାଶ ଦେଖିଛ କି !
ଆକାଶ !
ଗୋଟାଏ ଅଭ୍ୟାସକର ବନ୍ଧୁ ।
ସହଜ ଗୋଟାଏ ଅଭ୍ୟାସ।

ସାରା ଦିନର କସରତରେ କ୍ଲାନ୍ତ ହୋଇ
ଥରେ ଦେଖିନିଅ ଆସ
ଖୋଲା ମନରେ ଦେଖିନିଅ ଆକାଶ।

■

ଅଂଧ(କ) ସରୋବର

ତୁମେ ସେହି ଦୂରତ୍ୱ ଯାହାକୁ
ଟପିବାକୁ ଯେତେ ଇଚ୍ଛାକରେ
ସେତେ ଦୂର ହୋଇଯାଏ।

ତୁମେ ସେହି ଡାକ ଯାହା
ଧରିବାକୁ ଯେବେ ଚାହେଁ
ସେତେ ନଭଚୁମ୍ବି ଯାଏ।
ଥରେ ଯଦି ତୁମେ ମୋତେ ଦିଅନ୍ତ ଜଳାଇ
ପ୍ରଜ୍ୱଳିତ ହୋଇଯାନ୍ତି ମୁହିଁ।
ସେହି ବହ୍ନିରେ ମୋର ମଳିନତ୍ୱ
ଯାଆନ୍ତା ମିଳାଇ।

ଯେତେ ଥର ତମକୁ ମୁଁ
ଲଙ୍ଘିବାକୁ ଚାହେଁ
ସେତେ ତମେ ଯାଉଛ ପଳାଇ।

■

ଦର୍ପଦଳନ

କେତେ ରୂପେ ବିଭାଷିତ
କରିଛ ହୃଦୟ
ତାହା ଜାଣି ନାହିଁ।

କେତେବେଳେ ବସନ୍ତ ପରାଏ
ଶୁଷ୍କ ବୃକ୍ଷକୁ ଆସିଛ
ତାହା ଜାଣିନାହିଁ।

ତୁମେ ଗହନ ମନ୍ଦିରା
ମୁହିଁ ତାନାସାହୀ
କେତେବେଳେ ଦର୍ପଚୂର୍ଣ୍ଣ
କରିଛ ଯେ,
ତାହା ଜାଣି ନାହିଁ।

ତୁମେ ବାନ୍ଧିଛ ଯେ ସେତୁ ସମ୍ପର୍କର
ସମୟକୁ ଯାହା ପୁଣି
ନେଇଛି କଢ଼ାଇ।

କେତେ ରୂପେ ବିଭାଷିତ
କରିଛି ହୃଦୟ
ତାହା ଜାଣି ନାହିଁ।

ଘର ଖୋଜିବା

(ମନିକା ପାଇଁ)

ମନିକାର ଘର ଖୋଜିଖୋଜି
ସକାଳରୁ ଦ୍ୱିପ୍ରହର।
ନା ଘର ମିଳିଲା ନା ମନିକା !

ମୋ ଭଉଣୀର ସହପାଠୀ ମନିକା
ଗ୍ରେଟାର କୈଳାସର ଅଧିବାସୀ ମନିକା।
ସ୍ୱାମୀ ସିମେନ୍ସ୍ ଇଣ୍ଡିଆ ହେଡ୍
କେହି କିଛି କହିପାରିଲେନାହିଁ॥

ଏକେତ ଗ୍ରୀଷ୍ମକାଳ
ଖଣ୍ଡେ ଛାଇ ଖୋଜି ବସିପଡ଼ିଲୁ
ମନେପଡ଼ିଲା ମନିକାର ଚିଠି
ଚିଠିରୁ ମିଳିଲା ଘର ନମ୍ବର॥

ଖୋଜିବାରେ କେତେ ଭୁଲ,
ଦିଲ୍ଲୀମାନେ କିଏ କାହାର॥

ଏଠି ଘର ନମ୍ବର ବଡ଼॥

ପୁଣି ଆରମ୍ଭ ହେଲା ଘର ଖୋଜିବା
ଜଣେ ଲୋକ କହିଲା ଏଇତ ଘର ।
ଆମ ଆଖି ଆଗରେ ମନିକାର ଘର ।

ବେଲ୍ ବାଜିଲା ମାତ୍ରେ
ଉଭା ମନିକା,
ବୀଣା ଦାସଙ୍କ ଝିଅ ମନିକା
ମୋ ଭଉଣୀର ସଙ୍ଗିନୀ ମନିକା,
ଶୁଭ ସମ୍ପାଦିନୀ ମନିକା

ନୂଆବର୍ଷ-୧

କିଛି ଘଟିନଥିଲା
ନୂଆ ବର୍ଷରେ।
ଯେମିତି ଶୁଖିଲା ଡାଳ
କାଟୁ କାଟୁ ବିତିଗଲା ଦିନଟା।

ତଥାପି ଜାନୁଆରୀ ମନେ ହେଲା
ନୂଆ ଡାକ ପରି ଖୁଣ୍ଟାଗଛ
ପରୀକ୍ଷାରେ ଫେଲ ହେବା
ପିଲାକୁ ଆଶ୍ୱାସ ପରି।

ବଡ଼ ବିକଟ ଦିଶୁଚି
ଜୀବନର ଅରଣ୍ୟଟା
ତଥାପି ସମୟର
ଧ୍ୟାନ ଭାଙ୍ଗୁନାହିଁ।

■

ନୂଆବର୍ଷ-୨

ଏ ସତେ ସାକ୍ଷାତ ନୁହେଁ
ବହୁ ଦିନୁ ଗଡ଼ି ଚାଲିଥିବା ନିମନ୍ତ୍ରଣ
ବହୁତ ବକେୟା। ସୁଝି
ହାଲ ଖାତା ଖୋଲେ
ଜୀବନର।

କାହାର ଜନ୍ମଦିନରେ

କ'ଣ ଦେଇ ସନ୍ତୁଷ୍ଟ କରିହେବ
ତମର ଜନ୍ମ ଦିନରେ।
ଜଗତ ତ ତୁଲ୍ୟମୂଲ୍ୟରେ ପାଗଳ
ଉପହାର ତ ବାଣିଜ୍ୟିକ
ଗର୍ବରେ ଭରପୁର;
ମୁଁ ବା କିପରି ତୁଲ୍ୟ ମୂଲ୍ୟ ହେବି
ତମ ଆଖିରେ।

ଫୁଲତୋଡ଼ା, ଗନ୍ଧଗୁଚ୍ଛ
କାବ୍ୟ କବିତା
ଏସବୁ ତ ତୁଚ୍ଛ ଲାଗିବ
ସମବେତ ଅଭ୍ୟାଗତଙ୍କ ଆଖିକୁ
ସମସ୍ତେ ତ ସେହି ବାଣିଜ୍ୟିକ
ପ୍ରଶ୍ନ ରଖିବେ,
'କ'ଣ ଦେଲ' ବୋଲି।

ମୋର ତ କିଛି ଦେବାର ନାହିଁ ତମକୁ
କେବଳ ଦେଉଛି
ଅନାବିଳ ହୃଦୟର ଶୁଭେଚ୍ଛା,
ଯାହା ବାଣିଜ୍ୟିକ ଉପହାର ଭିଡ଼ରେ
ଉଜ୍ୱଳ ରହିବ,
ତୁଲ୍ୟ ହୋଇ ରହିବ ତମ ହୃଦୟରେ।

ପ୍ରେମ ଜୀଇଁ ରହିଥାଉ
ସମୟର ତାନାବାନା ପରି
ତୁମ ଜୀବନର ଚିତ୍ରିତ ଖଳାରେ
ଆଜି ଏଇ ଜନ୍ମଦିନରେ।

ଲୋକକଥାର ଛନ୍ଦ

ଯେଉଁଠି ଆକାଶ ମିଶିଯାଏ ପୃଥିବୀରେ
ପୃଥିବୀ କେଉଁଠି ଭୁଲ କରି ହୁଏ ସ୍ୱୟଂବରା
କେଉଁଠି କଠିନ ପାହାଡ଼େ ଲାଖିଛି ଅସ୍ତରାଗର ଛିଟା
ସେହି ଦେଶେ ଥିଲେ ଦୁଇଗୋଟି ଝିଅ ମିତା ଆଉ ପାରମିତା ।

ଦୁଇଗୋଟି ଝିଅ କନକ ପ୍ରତିମା ନୟନର ତାରା ମୋତି
ଜନପଦେ ତାଙ୍କ ଗୁଣର ଗରିମା ଶୁଣାଯାଏ ନିତିନିତି
ଦୁଇ ଝିଅ ଲାଗି ଗଢ଼ିଉଠେ ଆହା କେତେକେତେ ଲୋକ କଥା
ଦୁଇଗୋଟି ଝିଅ କନକ ପ୍ରତିମା ମିତା ଆଉ ପାରମିତା ।

କନକ ପ୍ରତିମା ସୁଶୋଭନ ଅତି ରୂପେ ଗୁଣେ ଅନୁପମା
କିଏ କହ ଆହା କହିକି ପାରିବ ଦୁହିଁଙ୍କ ଗୁଣର ସୀମା
ମିତାର କଥାରେ ଦ୍ୟୁଲୋକ ଭୂଲୋକ ଉଲସି ଉଠେକି ସତେ
ପାରମିତା ଦେଲେ ପଦେ କଥା କହି ଫୁଲ ଫୁଟେ କେତେମନ୍ତେ
ଦୂର ପାହାଡ଼ରେ ଗୋଧୂଳି ଯେଉଁଠି ଲେଖିଛି ରକ୍ତ ଛିଟା
ସେହି ଦେଶେ ଥିଲେ ଦୁଇଗୋଟି ଝିଅ ମିତା ଆଉ ପାରମିତା ।

ପାରମିତା ଆଖି ନାଚିଯାଏ ସତେ ସୁଦୂର ଶଙ୍ଖଚିଲ
ମିତାର ଓଠରୁ ଝରି ପଡୁଥାଏ ଶତଶତ ଯବାଫୁଲ ।

ସାତ ସାଗରର ସେପାରିରେ କାହିଁ ଗୋଟାଏ ରାଜାର ଘର
ଯୋଜନଯୋଜନ ରାଇଜ ତାହାର ସୁନ୍ଦର ପୁଅଟେ ତାର
ମିତା ଦେଖିଅଛି ସ୍ୱପ୍ନରେ ତାକୁ ସେହି ହେବ ତାର ବର

କମଳ ଦଳେ ସେ ଲେଖିଛି ମନର ଭାଷା
ପଢ଼ିବ କି ତାହା ସ୍ୱପ୍ନ ସଉଦାଗର ।

ପାରମିତା ପାଦ ଛନ୍ଦରେ କେତେ କନକ କମଳ ଫୁଟେ
ସାତ ରଜା ପୁଅ ଗର୍ବର ଶିରି ପାଦରେ ତାହାର ଲୋଟେ ।

ଯେଉଁଠି ଆକାଶ ମିଶିଯାଏ ପୃଥିବୀରେ
ଯେଉଁଠି ଗୋଧୂଳି ଦୂରଦିଗନ୍ତେ ଲେଖିଛି ରକ୍ତଚିତା
ସୁନାଫୁଲ ହାୟ, ସୁନାଫୁଲ ହାୟ ମିତା ଆଉ ପାରମିତା ।

■

ଅଭିମାନ

ଗଛ ଛାଇ ତଳେ
ମୁଣ୍ଡ ନୁଆଇ ବସିଛି
ଝିଅଟା,
ଲାଲ ଟୁକ୍ ଟୁକ୍ ମୁହଁ ।।

ଭରି ଯାଇଛି ଅଭିମାନରେ
ଅସ୍ତଆଭା ଖେଳିଯାଏ
ସୁଢ଼ଳ ବାହୁରେ ।।

କାହାର ପ୍ରେମରେ ମୁଗ୍ଧ
କାହା ପାଇଁ ଅଭିମାନ
ଲାଲଟୁକ୍‌ଟୁକ୍ ମୁହଁ
ଖଣ୍ଡେ ଲାଲ ମେଘ ପରି ।।

କିଏ ଜାଣେ ?
କେଉଁଠି ଲାଗିବ ଏଇ ଲାଲ ମେଘ
କେଉଁଠି ଲାଗିବ ତାର
ସ୍ୱପ୍ନର ବୋଇତ ।।

ଦର୍ପଚୂର୍ଣ୍ଣ

ଏତେ ନିକଟକୁ ଆସୁଛ କାହିଁକି ?
ହୃଦୟ ଦ୍ରବି ଯାଇ ପାରେ
ହଠାତ୍ କରକା ଖସିପାରେ
ଏଇ ନିଝୁମ ଅପରାହ୍ଣରେ ।

ଯାହା ଯାହା ଥିଲା ସବୁତ ଭାଙ୍ଗିଥିଲା,
ହୃଦୟ, ଦର୍ପ, ଅହଂକାର
ଶେଷରେ ଦେହଦୁର୍ଗ
ଭାଙ୍ଗି ଦେବାକୁ ଆସୁଛ ନା କ'ଣ ?
ଯାହା ଭାଙ୍ଗିବାର ଅଛି
ସବୁ କିଛି ଭାଙ୍ଗି ଦିଅ
କାଳବିଳମ୍ବ ନକରି ।

ମୋତେ ପୁଣି ବଞ୍ଚିବାର
ନୂଆ ରୂପକଳ୍ପ ଖୋଜିବାକୁ ହେବ
ଭଗ୍ନରାଜିରୁ ।

■

ବନ୍ଧୁର ଠିକଣା

ଯାହାଙ୍କ ଘରକୁ ଯିବାର ଥିଲା,
ତାଙ୍କ ନାଁ କୁନାମିଶ୍ର।
ତାଙ୍କ ଠିକଣା ଇଲାକା ଲୋକଙ୍କୁ ଜଣା।

ପ୍ରଫେସର ପଡ଼ାର ଗଳିରେ ତାଙ୍କ ଘର।
ଦିନେ ଏଇ ଗଳିରେ ସନ୍ତର୍ପଣରେ ବୁଲୁବୁଲୁ
ଠିକଣାରେ ପହଞ୍ଚି ଥିଲେ
ଗୋପବନ୍ଧୁ ଆଉ ଆଚାର୍ଯ୍ୟ ହରିହର
ଠିକଣାର ନାମ ରତ୍ନାକର ପତି।
କୁନାମିଶ୍ରଙ୍କ ସାମ୍ନା ଘର।
ଏଇଠି ଥାଆନ୍ତି କରୁଣାକର କର
ସଂସ୍କୃତର ମନ୍ଦିର। ଡାହାଣକୁ
ବିଚକ୍ଷଣ ଡାକ୍ତର କେଶବ ସାହୁ ॥

ଏମାନଙ୍କର ପଡ଼ୋଶୀ କୁନାମିଶ୍ର
ଏକଦା କ୍ରିକେଟ ଜଗତର ଧ୍ରୁବତାରା
ସଦାବେଳେ ଯୋଡ଼ି ମଦନ ମହାନ୍ତି।
ଛାତ୍ର ଜୀବନର ବନ୍ଧନ ଦିନକୁ ଦିନ
ପ୍ରେମ ହୋଇଗଲା।
କୁନାମିଶ୍ରଙ୍କ ଅନାବିଳ ହସରେ ଗୋଟାଏ
ନିବିଡ଼ତାର ଆଭାସ ଥାଏ
ଯାହା ତାଙ୍କ ପାଖକୁ ଟାଣିନେଇଯାଏ।

କେତେବେଳେ ପ୍ରଫେସର ପଡ଼ାରେ ତ
କେତେବେଳେ କଟକ ଷ୍ଟେସନରେ
କିଂବା ରାଜଧାନୀ ରେଳ ଷ୍ଟେସନରେ ॥

ସିଏ ସହଜରେ ମିଳି ଯାଆନ୍ତି ।
ଆଶା ଆକାଂକ୍ଷାମାନେ
ଆମକୁ ସହଜରେ ଯୋଡ଼ିପାରନ୍ତି ॥

ନିଜସ୍ୱ ପଦାବଳୀ

ଅଥଚ ଶୁଣେ କାହାର ଶବ୍ଦ କେଉଁଠି କିଛି ନାହିଁ
ତମରି ପାଦ ପାଉଁଜ ପରି ଝରଣା ଯାଏ ବହି ।

'ଶରତ କାଳ ଜଳଦ ମାଳ ନୀଳ ଗଗନେ ଭାସେ
କଦବା ଥରେ ବରଷା ଝରେ ଏବେ ଅଶିଣ ମାସେ' ।

ଆକାଶର ପଥେ ପଥେ ଶରତର ରାହି
କେଉଁ ଦେଶେ ରହିଲ ଗୋ କଇଁଫୁଲ ଯାଇ ।

ତାରା ଫୁଟେ ରୁପା ଫୁଲ ଦିନ ଗଡ଼ିଗଲା
ତମହାତ ଛାୟାପଥ ମନେ ପଡ଼ିଗଲା ।

କାଶ ଫୁଲ ହସ କିବା ତମ ଦେହାକାଶେ
ଶରତ କାଳ ଜଳଦମାଳ ନୀଳ ଗଗନେ ଭାସେ ।

ଘୋଡ଼ା ଚାଲେ ଟପ୍ ଟପ୍ ଅସର ହୁଏ ଦିନ
ଜପ କରି ତପକରି ତନୁ ହେଲା କ୍ଷୀଣ ।

ତମେ ଆସ ଶରତରେ କିବା ହେମନ୍ତରେ
ଶାନ୍ତି ପରି ଝରିପଡ଼ ପ୍ରତି ଘରେଘରେ ।

∎

ଚଇତାଳି-୧

କନକର ଚମ୍ପା ମୋତେ ଆଣିଦେବ କିଏ
କମଳର କନ୍ୟା ମୋତେ ଆଣିଦେବ କିଏ।

ସାତ ସାଗର ଝିଅ ଆଗୋ ସାତ ସାଗର ଝିଅ
କନକର ଚମ୍ପା ମୋତେ କାହୁଁ ଆଣିଦିଅ।

କନକର ଚମ୍ପା କିବା ମୁଖରାଜି ତା'ର
ହୃଦୟର ପଥେ ଆଣେ ଫୁଲର ଫୁଆର।

ଇନ୍ଦ୍ରଧନୁ ବୁଣିଦିଏ ଆକାଶରେ ରଂଗ
ଓଠ ତୁଠେ ହସ ତାର ଆଣେ ସାତ ରଂଗ।

ରୂପବତୀ କନ୍ୟା ଆଗୋ ମୌନାବତୀ କନ୍ୟା
ସ୍ୱପ୍ନ ଭୁଲି, ପ୍ରୀତି ଭୁଲି ହେଲକି ଅନନ୍ୟା।

ଶାଢ଼ି ଦେବି, ଝୁମ୍ପା ଦେବି, ଦେବି ପାଟ ଯଥା
ଥରେ ଭଲା ପ୍ରିୟତମା ବୁଣି ଦିଅ କଥା

ଥରେ ଭଲା ପ୍ରିୟତମା ଦିଅ ଭୁଲାମନ
ସାତ ସାଗର ଝିଅ ଆଗୋ ଗଡ଼ିଯାଏ ଲଗ୍ନ।

ପାନପତ୍ରେ ଢାଙ୍କି ଆସ ଚମ୍ପା ଫୁଲ ମୁହଁ
କୁନି କୁନି ପାଦତଳୁ ଢାଳିଦିଅ ସ୍ନେହ।

ଶାଢ଼ି ଦେବି,ଝୁମ୍କା ଦେବି ଦେବି ପାଟପଥା
ଥରେ ଭଲା ପ୍ରିୟତମା ବୁଣି ଦିଅ କଥା ।

ଆକାଶ ଓ ମାଟି ସବୁ କରି ଏକାକାର
ଖୋଲିଦିଅ ଆସି ହୃଦୟର ଶତଦ୍ୱାର ।

ଥରେ ଭଲା ପ୍ରିୟତମା ଦିଅ ଭୁଲାମନ
ସାତ ସାଗର ଝିଅ ଆଗୋ ଗଢ଼ିଯାଏ ଲଗ୍ନ ।

■

ଚଇତାଳି-୨

ଏପ୍ରିଲରେ କିଣିଥିଲି ତମରି ପାଇଁ ଯୂଇ,
ଶୁଖି ଶୁଖି ଶେଷ ହେଲା ଦିନ ସରେ ନାହିଁ।

ବସନ୍ତରେ ଆସିଥିଲା ହଳଦୀ ବସନ୍ତ
ନିଦାଘର ନିଦାରୁଣେ ଆଉ ଫେରି ନାହିଁ।

ମନେଥିଲା ସ୍ୱପ୍ନ କେତେ ଗୁନ୍ଥା ତମ ପାଇଁ
ହୃଦୟର ସଂଗୋପନେ ବାଜେ ସାହାନାଇ।

ଇଚ୍ଛାଥିଲା ମନେପ୍ରାଣେ ତମ ଦରଶନ
ଅଦିନରେ ହେବ କାହୁଁ ବାରି ବରଷଣ।

ମୌସୁମୀର ସଂଘାତେ ବି ମଉନ ରହିଲ
ଅଙ୍ଗୀକାର କଥା ଭୁଲି ଆଗୋ ଜାଇଫୁଲ।

କାହା ଆଗେ ବଖାଣିବି ମରମର କଥା
ପତ୍ର ଝରିଗଲେ ରାଇ ବାଜେ ସେହି ବ୍ୟଥା।

ପ୍ରତୀକ୍ଷାରେ ବିତିଯାଏ ଯେତେଯେତେ ଦିନ
ମନେ ପ୍ରାଣେ ଗୁଣେ ଆଗୋ ! ତମ ଦରଶନ।

ଏପ୍ରିଲରେ କିଣିଥିଲି ତମରି ପାଇଁ ଯୂଇ
ଶୁଖି ଶୁଖି ଶେଷ ହୁଏ ଦିନ ସରେ ନାହିଁ।

ଶ୍ରଦ୍ଧାଭାଜନେଷୁ

(ଶ୍ରଦ୍ଧେୟ ବନ୍ଧୁ ବିପିନ ବିହାରୀ ବିଶ୍ୱାଳଙ୍କୁ)

ସତକଥା କହିବାକୁ ଗଲେ
ବେଳେବେଳେ ହାରି ଯିବାକୁ ପଡ଼େ।
ସଂଚିତ ଆଶ୍ଳେଷମାନେ
ଦିଗହରା ହୋଇ ଯାଆନ୍ତି
ତୁମର ଉଚ୍ଛଳ ସମ୍ଭାଷଣରେ ॥

ଆଦାନ ପ୍ରଦାନର
ଏଡ଼େ ପ୍ରାଞ୍ଜ ପଣକୁ
କବଳିତ କଲ କିପରି,
ମଣିଷ ମନର ଦୈର୍ଘ୍ୟ ପ୍ରସ୍ଥକୁ
ନିଖୁଣ ଭାବରେ
ମାପିବା ଜାଣିଲ କିପରି।

ତୁମ ଉଲ୍ଲାସ ଯେତେ ପଢ଼ିଲେ
କ'ଣ ସବୁ ପଢ଼ିହୁଏ।
'ଚମ୍ପାଫୁଲ' ହୁଏତ ପଢ଼ି ପାରୁଥିବ
ବସନ୍ତର ମର୍ମ କଥା।

ତୁମକୁ ନାନା ଦିଗରୁ
ପଢୁ ପଢୁ ତୁମେ
ଉତ୍ତର ଅଧ୍ୟାୟରେ
ପହଞ୍ଚି ଗଲଣି। ■

ଜନନୀର ଜୟଜୟନ୍ତୀ

(ମୋର ସ୍ୱର୍ଗତା ମା'ଙ୍କୁ)

ଘର କରିବାର ଶୈଳୀଗୁଡ଼ିକ
ତା ପାଖରେ ଭରପୁର ଥିଲା
କିନ୍ତୁ ଛନ୍ଦହୀନ ଭାବରେ।
ଦେହର ଶୋଭା ଭରିଥିଲା
କମଳ କାନ୍ତିରେ।

ବାପା କହୁଥିଲେ
ସେ ଥିଲା ଆଲୁଳା ଲକ୍ଷ୍ମୀ
ଯେଉଁଥିରେ ହାତ ଦେବ
ସେ ସବୁ ରତ୍ନ ପାଲଟିଯିବ
ତା'ର ହୃଦୟ ଅଣିମା, ଲଘିମାରେ
ଭରପୁର ଥିଲା।

ଅଭେଦ ଭେଦ ଥିଲା ତା ପାଖରେ
କାହାର ଦୁଃଖ ଦଇନି
ଅକ୍ଲେଶରେ ବୁଝି ପାରୁଥିଲା।

କ୍ଷଣକରେ ସବୁ ଭରି ପାରୁଥିଲା ଏଇନାରୀ,
ମାତୃ ରୂପେ ସମସ୍ତ ଗୁହାରୀ
ମାତୃ ରୂପେ ସଂତାନକୁ
ହୃଦେ ଥିଲା ଭରି।

ତୁମକୁ ପ୍ରଣାମ କରେ
ହେ ମୋର ଜନନୀ
ଷଷ୍ଠ ରୂପେ ଆସିଥିଲ
ଯେହ୍ନେ କାତ୍ୟାୟନୀ।

ମଣ୍ଟାଜ୍*

କାହାର କାକଳି ବାଜିଲା ହୃଦୟେ କ୍ରୂର ବସନ୍ତେ
କିଏ ଲଗାଇଲା କ୍ରୂର ଦାବାଗ୍ନି ମନବନସ୍ତେ।
ମୋହରି ସିନ୍ଧୁ ଘୋଟକ ଛୁଟିଛି ପାହାଡ଼ ପଥେ
ବସନ୍ତ କାହିଁ ପଲ୍ଲବୀଯାଏ ଦୂର ବନସ୍ତେ।

ଅରଣ୍ୟ ପଥ ଅନ୍ଧାର ରାଜି ହୋଇଯାଏ ମୁହିଁ ପାର
ଖୋଜି ପାଇବାକୁ ସୁଖସଂପଦ ଜୀବନର ବୁଲ୍‌ଭାର**
ମନ୍ଦାର ଦଳେ ବିରାଜିତ ମୋର ଜୀବନର ଯେତେ ଆଶା
ଆହା ପ୍ରିୟ ମୋର! ଖୋଜି ପାଇଛକି
ହୃଦୟର ପରିଭାଷା।

ମନବନସ୍ତେ ତୁମରି କାକଳି
ମଧୁଗାନ୍ଧାରେ ବାଜେ
ଲୋଟି ଯାଉଚି ମୁଁ ହଜି ଯାଉଚି ମୁଁ
ଦୃଶ୍ୟର ମଣ୍ଟାଜେ।

■

* ମଣ୍ଟାଜ୍ -ମୁହଁର ଭିଡ଼
**ବୁଲ୍‌ଭାର- ସୁବିଶାଳ ବୃକ୍ଷ ଶୋଭିତ ପ୍ରଶସ୍ତ ରାଜମାର୍ଗ

ଯେତେଯେତେ

ଯେତେଯେତେ କହିବାର ଚେଷ୍ଟାକଲି
ସେତେ ଅକୁହା ରହିଗଲା।

ଯେତେଯେତେ ସୁନ୍ଦର କରିବାର ପ୍ରୟାସ କଲି
ସେତେ ଅସୁନ୍ଦର ପାଲଟି ଗଲା।

ଯେତେଯେତେ ରହସ୍ୟ ଧରିବାକୁ ଚେଷ୍ଟାକଲି
ସେତେ ବିସ୍ମୟ ଭରିଗଲା।

ଯେତେ ନିକଟକୁ ଆସିଲି
ସେତେସେତେ ଦୂରକୁ ଗଲା ଦୃଶ୍ୟ।
ଦୃଶ୍ୟତ ମୋର ଦେହମଣ୍ଡଳ
ଗ୍ରାସି ଗଲାଣି ନାନା ରହସ୍ୟରେ।

ଅନୁପମା! ତୁମେ ଚିରନ୍ତନ
ଦୃଶ୍ୟ ହୋଇଯାଅ
ହୃଦୟର କ୍ୟାନ୍‌ଭାସରେ।

ନୂଆ ସମୟ

ଏବେ ପୁଣି ଘରଚଟିଆମାନଙ୍କ ଆସର
ଗଂଗଶିଉଳି ଡାଳରେ ।
କନିଅର ଜଂଗଲରେ
ଗରବିଣୀ ଝିଅମାନେ ନାଚୁଛନ୍ତି
ଆପଣା ଖୁସିରେ ॥
ସମୟ ଯେପରି ଆହା ପଲ୍ଲବିତ
ନୂତନ ଛନ୍ଦରେ ॥

ପୁଣି ଉଡ଼ନ୍ତ ପକ୍ଷୀ, ନୂଆନୂଆ ସ୍ୱପ୍ନନେଇ
ଚାଲିଯାଏ ଅଜଣା ପଥରେ
ଅତୀତର କଥା ସବୁ କାହିଁ ହଜିଯାଏ ।

ସ୍ୱପ୍ନମାନେ ଉଦ୍‌ଜୀବିତ ହୋଇଯାନ୍ତି
ନୂତନ ସ୍ୱରରେ ।

ରକ୍ତାକ୍ତ କାମନା

ଆହା କେଉଁ ଅଦୃଶ୍ୟ ଡାଳରେ
ଫୁଟିଅଛି ହୃଦୟର ରକ୍ତାକ୍ତ କାମନା
ଶାଖା ପଲ୍ଲବରେ ଭରି ଯାଇଛି ଶରୀର।

ନଦୀ ବହିଯାଏ ନିଦ ଭାଙ୍ଗି ଗାଁମାନଙ୍କର
ସ୍ୟମନ୍ତକ ନାମେ ମାଝୀ ପାରିକରେ
ଘାଟ ସେ ନଈର।

ବେଳେବେଳେ ପୂବାଲୀ ପବନ
ଭାରି ହୁଏ ଶାଖା ପ୍ରଶାଖାରେ
ଫୁଟିଥିବା ଫୁଲମାନେ ଭରିଯା'ନ୍ତି
ମଧୁର ବାସ୍ନାରେ।

ଆହା କେଉଁ ଦୂର ନଈ କଢ଼େ
ଅଦୃଶ୍ୟ ଡାଳରେ
ଫୁଟିଅଛି ହୃଦୟର ରକ୍ତାକ୍ତ କାମନା।

କେଉଁଠି ହଜାଇ ଦେଲି ଛନ୍ଦ ଜୀବନ।
ଜୀବନର ସାରେଗାମା
ଜୀବନର ଯେତେକ ଆଳାପ।

■

ଶାରଦୀୟା

ବ୍ୟସ୍ତତା ନାହିଁ ଆକାଶ ଅଂଗନରେ
ବାସି ବସନ କି ମେଲାଇ ଦେଇଛି କିଏ
ଅନ୍ତରଂଗର ଆସିବା ଅପେକ୍ଷାରେ ॥

ପଲକ ପାତେ ଗୋ ଝଲସି ଉଠିବ ଆଖି
ପଥାରୂଢ଼ ହୋଇଗଲେ ସେ ଅକସ୍ମାତେ ॥

ଫେରି ଆସିବକି ଜୀବନକୁ ଭାରସାମ୍ୟ
ହଜିଥିଲା ଯାହା ଅପେକ୍ଷା ପ୍ରତୀକ୍ଷାରେ
ଆଖିର କୋଣରୁ ଢଳିଯିବ ଲୁହଧାର ॥

ନଈ କଡ଼େକଡ଼େ ଋତୁ ଯେ ମତ୍ତକାଶୀ
ହୃଦୟରେ ଲାଗେ ପୀରତିର କୋଳାହଳ
କାଶତଣ୍ଡୀର ଗର୍ବିତ ଉଲ୍ଲାସେ ॥

ମଳିନ ଥିଲା ଯେ ରୁଚିର ମୁଖର ଛବି
ମ୍ଳାନ ଥିଲା କେତେ ସୁବାସିତ ଦେହତାର
ଉକୁଟି ଉଠିଛି ଅନନ୍ତ ଅଭିଳାଷେ ॥

ବ୍ୟସ୍ତତା ଲାଗେ ଜୀବନ ଅଂଗନରେ
ପ୍ରିୟତମା ଲାଗି ଶତ ପ୍ରତୀକ୍ଷା ପରେ ॥

ଗୃହ ଅଂଗନେ ଭରିଯାଏ କଳରୋଳ
ଉତୁରୁଳୀ ଶାଗ ବାସି ପଖାଳର ମୋହେ
ଜୀବନ ଖାତାକୁ ଫେରୁଛି କି ସବୁଦିନ ॥ ■

ଛୋଟପକ୍ଷୀ

ଛୋଟପକ୍ଷୀ ଗୀତ ଗାଏ
ଛୋଟ ଦୁନିଆ,
ସପନରେ ମଜଗୁଲ
କୁଆଁରୀ କନିଆ ।
ଛୋଟ ଦୁନିଆଟା ତାର
ଛୋଟ ତାର ବର,
ନାଲି ଟୁକୁଟୁକୁ ହସ
ଛୋଟ ତାର ଘର ।

କେଉଁ ରାଇଜରେ ଅଛି
ଛୋଟ ତାର ବର,
ଯାହାଲାଗି ମନେମନେ
ସଜାଇଛି ଘର ।

ଛୋଟ ତାର କୁନି ପାଦେ
ସରୁ ଅଳତା,
ଛୋଟ ଗଭାରେ ନାଇଛି
କମଳ ଲତା ।

ସରୁ ଆଖିରେ ନାଇଛି
କଜଳ ଗାର,

ସୁନାର କମଳ ପରି
ଦେହଟି ତାର ।
ହୀରା ମାଣିକରେ ଗଢ଼ା
ଛୋଟ ତାର ଦୁନିଆ,
ସପନରେ ମଜଗୁଲ
କୁଆଁରୀ କନିଆ ।

ଘୁମୁସର

ଘୁମୁସରରେ ଯେଉଁ ଝିଅଟାକୁ
ଦେଖିଥିଲି,
ତା ନାଁ କୁଆଡ଼େ
'କୋଟି ବ୍ରହ୍ମାଣ୍ଡ ସୁନ୍ଦରୀ'।

ତାକୁ ଅନାଇ ଦେଲେ
ଦୃଷ୍ଟି ଝଲସି ଯାଏ।
ଗତି ସ୍ଥିର ହୋଇଯାଏ।

ତା ଦେହ ହାତ ଯେପରି
ଦିଅଁ ଦେବତାମାନେ ଗଢ଼ିଛନ୍ତି,
ତାକୁ ଦେଖିଲେ ଫୁଲଫୁଟିଯାଏ।

ତାକୁ ଦେଖିଲା ଦିନୁ
ଘୁମୁସର ଭୁଲି ହୁଏନାହିଁ।
କିଏ ଗଢ଼ିଛି ଏହିପରି ବରନାରୀ
କଥାରେ ଯାହାର କୁସୁମ ବରଷେ
ଦେହେ ପ୍ରସ୍ରବଣ ଶିରୀ।

■

ନାନ୍ଦନିକ

ତାକୁ ଓହ୍ଲାଇଲା ବେଳେ
ନିମ୍ନ ପାହାଡ଼କୁ
ଏକ ଝରଣା ଝରିଗଲା ।

ଆଉ ସେ କହିଲା
ଦେଖ ! କି ସୁନ୍ଦର
ହଂସରାଳୀ ଉଡ଼ି ଯାଉଛନ୍ତି
ମେଞ୍ଚାଆଡି ଫୁଲଫୁଟିଛି ଅନତି ଦୂରରେ
ଶ୍ୟାମଛବି ଲାଖିଯାଏ
ପାହାଡ଼ ଦେହରେ ।

ସେ ଏକ ସ୍ଥାପତ୍ୟ ପରି ଲାଖିଗଲା
ମୋର ହୃଦୟରେ ।
ଖୁସିର ପାହାଡ଼ ଯେମେ ମିଶିଗଲା
ନନ୍ଦନ ପାହାଡ଼ ଦେହରେ ।

ପ୍ରପାତର ଶୋଭା ବିରାଜିଲା
ତା'ର ଶରୀରରେ ।
ଚିରନ୍ତନତା କି ଓହ୍ଲାଇ ପଡ଼ିଲା
ଏଇ ପାହାଡ଼କୁ
ତାକୁ ଓହ୍ଲାଇଲା ବେଳେ ।

ଚଲାବଉଦ

ଚହଲି ଗଲି ଏକ ନାରୀ ପଛରେ
ଚଲା ବଉଦ ପରି।
କମଳେ କାମିନୀ କେଉଁ
କାଳିନ୍ଦୀ ହ୍ରଦରେ।

ଚହଲି ଗଲି ଦକ୍ଷିଣ ହାୱାରେ
ଚଲା ବଉଦ ପରି।

ଏହାର ବୃତ୍ତାନ୍ତ ଗୋଟି
କେହି ଜାଣି ନାହିଁ।
ସମୟ ଯେ କେତେବେଳେ
ନେଇଛି ମୋ ହୃଦୟ ଭସାଇ।

■

ହେ ମହାନ

(ସଂଗ୍ରାମୀ ୰ ଲକ୍ଷ୍ମଣ ପଟ୍ଟନାୟକଙ୍କୁ)

ତୁମରି ନିକଟୁ ଆଣିଥିଲି
ଯେଉଁ ବହ୍ନି
ଆଜିବିତ ତାହା ଜଳୁଛି
ହୃଦୟ ତଟେ।

କେତେ ଥର ମୁହିଁ
ରକ୍ତ ପତାକା ହାତେ
ଯାଇଅଛି ଚାଲି
ପରିଚିତ ଏଇ
ସହରର ପଥେ ପଥେ।
ଜନତାର ମୁଖେ
ତୁମରି ଗୁଂଜରଣ
ଶୁଣିଛି ଗୋ ସାଥୀ ହୁଏ ଯାହା ରଣଝଣ।

ତୁମରି ନିକଟୁ ଆଜିବି
ଲୋଡ଼େ ବହ୍ନି
ତମରି ଡାକରେ ଆଜିବି ମୁଖର
ମୋ ମନର ରାଜଧାନୀ!

■

ଦିନକର ଦିନେ

ସେଦିନ ଯୁବକଟି ଆଖିରେ
ଅନେକ ଅନେକ ପ୍ରଶ୍ନଥିଲା ।
ବଡ଼ ଉଦାସ ଲାଗୁଥିଲା
ତା'ର ଦେହ ମଣ୍ଡଳ
ଯେପରି ଗୋଟାଏ ଧୋକାରେ
ପଡ଼ିଯାଇଛି,
କିଏ ଯେପରି ତାର ହୃଦୟ ଭାଙ୍ଗିଦେଇଚି ।

କଳାପଡ଼ି ଯାଇଥିବା ମୁହଁ
ବିପର୍ଯ୍ୟସ୍ତ ପରିପାଟୀ, ଅନେକ କିଛି
ଅନେକ ଅନେକ ପ୍ରଶ୍ନ ଆଖିରେ ।

ଥରେ ଠୁକ୍କର ଖାଇଲେ
କଣ କିଛି ରଙ୍ଗ ରହେ ଦେହରେ,
ରୂପ, ଲାବଣ୍ୟ, ଅହଙ୍କାର
ସବୁକିଛି ଭାଙ୍ଗିରୁଜିଯାଏ ।

କଣ ଉତ୍ତର ଅଛି କାହା ପାଖରେ
କିଏ ବା ତା'ର ଭଗ୍ନ ହୃଦୟକୁ
ଯୋଡ଼ି ପାରିବ ?
କେତେଦିନ ଏଇ ନିବିଡ଼ ତିମିର
ବିରାଜିବ ତାର ଦେହ ମଣ୍ଡଳରେ ?

ବେଳା ଅବେଳାରେ

କେଉଁ କ୍ଳାନ୍ତ ଯୋଦ୍ଧାଟିଏ
ଓହ୍ଲାଇ ପଡ଼ିଛି
ଗ୍ରାମ ସୀମାନ୍ତରେ।

ଶୋଇ ପଡ଼ିଛି ସେ
ଦୁର୍ବାଦଳଶ୍ୟାମ ଗାଲିଚାରେ
ବୃକ୍ଷର ଛାଇରେ।
ଶେଷ ହଳଦିଆ ପତ୍ର
ଝଡ଼ିପଡ଼େ ତାର କପାଳରେ।
କାକଟିଏ ରାବିଯାଏ
ଅଶୁଭ ସ୍ୱରରେ।

ଅଶ୍ୱଯେହ୍ନେ ପ୍ରଣିପାତ
ତା'ପାଦ ପାଖରେ
ଉତ୍ସବ ଲାଗିଛି ଗ୍ରାମର
ଅନ୍ୟ ସୀମାନ୍ତରେ,
ଋତୁମାନଙ୍କର
ଯିବା ଆସିବା କାଳରେ।

କିଛି ରକ୍ତଛିଟା ଲାଗିଅଛି
ତା'ର କପାଳରେ,
ଶୋଇ ପଡ଼ିଛି ଯୋଦ୍ଧା
ଆଦ୍ୟ ବସନ୍ତରେ।

ଆରୋହୀର ରକ୍ତଛବି
ଉଦ୍‌ଭାସିତ ଅଶ୍ୱର ଆଖିରେ,
ଋତୁମାନଙ୍କର
ଯିବା ଆସିବା ବେଳରେ।

■

ଅନ୍ତରଂଗ

କେତେ ଯତ୍ନ କରନ୍ତି
ତାଙ୍କ ଘରକୁ ଗଲେ
ଯେମିତି କେତେ ଯୁଗର
ପ୍ରତୀକ୍ଷାର ଫଳ ଫଳିଛି।

ଆଲୋକିତ ହୁଏ ସେହି ମୁଖର ଲାବଣ୍ୟ
ସହଜ ଭଙ୍ଗୀରେ
ବୈଷ୍ଣବୀ ଯେପରି ରୂପ ପାଏ
ଯାମିନୀ ରାୟଙ୍କ ଛବିରେ
କିନ୍ତୁ ମୁଗ୍ଧ ନହେଲେ କିଛି ନାହିଁ।

କେତେ କଥା କହନ୍ତି ଓ କହନ୍ତି ନାହିଁ
ନକହିବାରେ କେତେ ଗୁଂଜରଣ
ରହିଯାଏ। ବୁଝି ନ ପାରିଲେ
କିଛିନାହିଁ।

କଥା ଯେତେ ସରେ, ସେତେ ରହିଯାଏ
ଦୃଶ୍ୟ ହୁଏ ପରିଛନ୍ନ ପୁଣି
ଲୁଚିଯାଏ।

ତୁମ ସ୍ମରଣରେ

(ସାଥୀ କମ୍ରେଡ ୰ ଅନନ୍ତ ପ୍ରଧାନଙ୍କୁ)

ଆଜିବି ପ୍ରତିଟି ଆବାଜରେ ଶୁଭେ
ତମରି ଅମର ନାଆଁ
ଆଜିବି ମୋହରି ରକ୍ତେ ଜଳୁଛି
ଡାକରଡ଼ା ଗ୍ରାମ ନିଆଁ ।

ଅତିପ୍ରିୟ ମୋର ଦଳିତ ଜନତା
ଅତିପ୍ରିୟ ଦେଶ ମାଟି,
ଶତ ଅନଟନେ ହସୁଛି ଯାହାର
ବିପ୍ଳବୀ ପରିପାଟୀ ।

ମୋ ଦେଶ ପ୍ରାନ୍ତେ ନିର୍ଜନତାର ଶୋଭା
ପାହାଡ଼ି ଫୁଲରେ ଦିଶେ କେତେ ମନଲୋଭା
ସେହି ପ୍ରାନ୍ତରେ ଯାଇଅଛ ଚାଲି ତମେ
ତମ ପଦ ଧ୍ୱନି ବାଜୁଛି ମୋ ଲୋମେଲୋମେ ।

ଯେଉଁ ବିଶ୍ୱାସ ତମେ ଧରିଥିଲ କେହି ପାରି ନାହିଁ ଲୋଟି
ଶତ ସଂକଟେ ଜଳୁଥିଲା ତମ ବିପ୍ଳବୀ ପରିପାଟୀ ।

ତମରି ନିକଟୁ ଆଣିଥିଲି ମୁଁ ବହ୍ନି
ଜଳାଇ ରଖିଛି
ଆଜିବି ହୃଦୟ ତଟେ ।

■

ସମୟର ଆହ୍ୱାନ

ଏହିଠାରେ କଥା ଏକ
କହି ରଖେ,
ଯାହା ଅଟେ ଘଟଣାର
ଠିକ୍ ସମତୁଲ୍ୟ।

ତମେ ତ ଜାଣିଛ ନିଶ୍ଚେ
ଫାଦାର କେମିଲୋଙ୍କ
ଧର୍ମର ପୂଜାରୀ ହୋଇ ବୁଝିଥିଲେ
ବନ୍ଧୁକର ମୂଲ୍ୟ।
(ଶିଷ୍ୟତ୍ୱର ସର୍ତ୍ତ ବୁଝି
ନିଜ କାନ୍ଧେ ଉଠାଇଲେ
ଅସ୍ତ୍ର ବିପ୍ଳବର)।

ଦିନେ ତ ବାଜିବ ନିଶ୍ଚେ
କାଳର ମାଦଳ।

ତେଣୁ ଭାବେ ମାର୍କସବାଦ
ରଖିପାରେ ଚିରନ୍ତନ ମୂଲ୍ୟ
ସବୁରି ଭାଗ୍ୟକୁ ଯାହା
ହୋଇ ପାରେ ଠିକ୍ ସମତୁଲ୍ୟ।

*** କେମିଲୋ ଜଣେ ଖ୍ରୀଷ୍ଟାନ ଫାଦାର ଯିଏ ଲାଟିନ ଆମେରିକାର ବିପ୍ଳବୀ ଥିଲେ।**

ହେ ନମସ୍ୟ

(ଗୁରୁ ଭାସ୍କରଚନ୍ଦ୍ର ସେଣଙ୍କୁ)

କବିତାର ଆସରରେ ବସିବସି
ଅକ୍ଲେଶ କେଶବ ପାଲଟି ଗଲେଣି
କର୍କଶ ଅଂକ ଶିକ୍ଷକ
ଭାସ୍କରଚନ୍ଦ୍ର ସେଣ।

ରୁକ୍ଷ ଗଣିତର ଏକ
ନୂଆ ସମୀକରଣ ଦେଖାଦେଲାଣି
ତାଙ୍କ ଚିନ୍ତା ଚେତନାରେ।
ଶ୍ୟାମ ଦୁର୍ବାଦଳ ଜନ୍ମିଲାଣି
ରୁକ୍ଷ ପାଷାଣ ଦେହରେ।

କବିତା କ'ଣ କର୍କଶ ପାହାଡ଼ରୁ
ଖଣ୍ଡାଧାର ଝରାଇ ପାରେ ?
କବିତା ଜରା-ରିପୁ
ହରଣ କରିପାରେ ?

କବିତା କ'ଣ ଝଂକାର ଆଣିପାରେ
ପ୍ରଚ୍ଛନ୍ନ ସଂବେଦନଶୀଳ
ଏଇ ନାଗରିକଙ୍କ ହୃଦୟରେ।

ରାମକେରୀ-୧

କେତେଦିନରୁ ପଡ଼ିରହିଛି
ହାରମୋନିୟମ, ଘରକୋଣରେ
ଭିଡ଼ ମଝିରେ, ଆବର୍ଜନାରେ ।।

କେତେଦିନରୁ ରାଗରାଗିଣୀ
ହଜିଗଲାଣି ଘର ସଂସାରରୁ ।
ବାପା ! ତମେ ଗଲାଦିନରୁ
ଜୀପନଦୀପ ଯେପରି ମୁହ୍ୟମାନ
ଦିନକୁଦିନ ।।

ଦିନେ ସାନଭଉଣୀ ତାଗିଦ କରି
ସବୁ ସଜାଡ଼ି ଦେଇଗଲା
ଅଧଃପତିତ ସାଜସରଞ୍ଜାମକୁ
ନିଜନିଜ ସ୍ଥାନରେ ଥାପି ଦେଇଗଲା
ନିଜ ଶୈଳୀରେ ।।

ସିଏ ଚାଲିଗଲାପରେ
ସାଜସରଞ୍ଜାମ
କାହାର ବୋଲ ମାନିଲେନାହିଁ
ଯିଏ ଯାହାର ବିଶୃଙ୍ଖଳାକୁ
ଫେରିଗଲେ ।

ଘର ଭାଙ୍ଗିଗଲେ କଣ ସଜାଡ଼ି ହୁଏ ?
ନା ରାଗ ରାଗିଣୀ ହଜିଗଲେ... ?

ଏହି ମର ଜଗତରେ କିଏ କାହାର !

ଦୁଃଖ ବିଷାଦର ଗୋଟାଏ ଆଦତ ଥାଏ
ମରଦେହୀର ଆଦତ ପରି ।
ରାଗରାଗିଣୀର ଢଙ୍ଗ ପରି ॥

ବାପା ! ତୁମ ଦୟା, ଦାକ୍ଷିଣ୍ୟରେ
ବଢ଼ିଥିବା ଲୋକେ
ଘାତକ ପାଲଟି ଗଲେଣି
ଅହଂକାରରେ ।
କିଏବା ବୁଝିପାରିଛି
ଜୀବନର ରାଗ ରାଗିଣୀ ।

ଏଇ ମରଜଗତରେ କିଏ କାହାର
କିଏ ଶୁଣିପାରିଛି ଜୀବନର 'ରାମକେରୀ' ॥

ରାମକେରୀ-୨

କେଉଁଠୁ ଲାଖିଲା ଆକାଶେ ଇନ୍ଦ୍ରଧନୁ
ମଧୁବର୍ଷଣ କାଳେ,
କେତେ କାମନାରେ ଦ୍ରବିହୋଇଗଲା ମନ
ପ୍ରିୟତମ ତୁମ ରୁଚିର ମୁଖର ଛବି
ଝଲସି ଉଠିଲା ଇନ୍ଦ୍ରଧନୁର ମେଳେ।

ଗ୍ରାମ କଡ଼େକଡ଼େ ରୁଆ ହେଉଅଛି ଧାନ
ରାମକେରୀ ରାଗେ ମାତିଛି ରୁଆଳି ମନ
ପାନପିକ ମିଶା କଥାର ମହକ ଉଠେ
ଚୁମ୍ବନ ଦାଗ ଲାଖି ରହିଅଛି ଅଧରର ସଂପୁଟେ।
ଢାଳି ଦେଇଛିକି ଆରୋପଣେ ମନପ୍ରାଣ।

ଦୂର ବନସ୍ତରେ ମେଘତ ଯାଇଛି ଛାଇ
କି ରସେ ରହିଛି ପ୍ରାଣମିତଣୀର ମନ
ସାଲବାଲୁ କେଶେ ଉଭଳା ମେଘର ଛାଇ।।
ଦିନ ଗୁଣିଛିକି ନୂଆ ଆଗମନ ପାଇଁ
ହସର ଛନ୍ଦେ ଫୁଟିଛିକି ଜାଇ,ଫୁଲ।।

ସନ୍ତାନବତୀ ଓଠପୁଟେ ପାନପିକ
ଆବୋରା ଲାଗୁଛି ଦେହରାଜି, ଭେକଭାକ
ଗଜରା ଦେଉଛି ବାରବାର ଲେଉଟାଇ ।।

ଏସନ ସମୟେ ହଜିଲା ଇନ୍ଦ୍ରଧନୁ
ପୁଣି ତ ଆସିଲା ବଉଦର ଘନଘଟା
ମେଖଳା ମେଳରେ ଦ୍ରବି ହୋଇଗଲା ମନ ।

■

ମନର କଳ୍ପନା

ପ୍ରଥମ ମୁହୂର୍ତ୍ତ :
ମୁଁ ବେଳେବେଳେ କଳ୍ପନା କରେ
ତୁମ ଘୁମନ୍ତ ଆଖିପତାରେ
କିଛି ଆକାଶ ରଙ୍ଗ ବୋଳି ଦିଅନ୍ତି ।

ତମରି ସେ ଫୁଲପରି କୋମଳ ହାତରେ
ମୁଁ ଲେଖିଦିଅନ୍ତି ନାନା ରଙ୍ଗର ଚିତ୍ର ।
ତମ ଚମ୍ପା ଚିବୁକରେ ଲଗାଇଦିଅନ୍ତି
ପ୍ରଜାପତିର ଡେଣାର ରଙ୍ଗ ।

ତମ ହସର ସମସ୍ତ ରଙ୍ଗ
ମୁଁ ଅଧରରେ ଶୋଷିନିଅନ୍ତି ।
ଇଚ୍ଛାହୁଏ ତମ କଜ୍ଜଳବେଣୀରେ
ସଜ କରବୀଟିଏ ସାଜିଦିଅନ୍ତି ।।

ଦ୍ୱିତୀୟ ମୁହୂର୍ତ୍ତ:
ମୁଁ ଆବେଗରେ ତମକୁ ଦେଖେ
ଘୁମନ୍ତ ଆକାଶ ପରି ନୀଳ ତମର ଆଖିପତା
ତମ କୋମଳ ହାତରେ ଚମ୍ପା
ଚିବୁକରେ ପ୍ରଜାପତିର ରଙ୍ଗ ।।

ତମ ଅସଜଡ଼ା କେଶରାଶିରେ
ସମୁଦ୍ରର ଉଜାଣି
ଆଗୋ ଲଜ୍ଜାବତି !
ତମେ ଆକାଶଠାରୁ ଆହୁରି ରୂପବତୀ
ମୋର ଅଶାନ୍ତ ଜୀବନରେ
ତମେ ଶାନ୍ତିଲତା ।

■

ଭାଟିଆରୀ*

ତାଳବନ ତଳେ ହୋଇଥିଲା ଦିନେ
ତମାଳ-କେଶୀର ଭେଟ ॥
ସେହି ଦିନଠାରୁ ଜୀବନ ଛୁଟିଛି
ଉତ୍ତରଣର ପଥେ,
ଜନପଦେ ଆହା
କେତେ କଳଙ୍କ ରଟେ ।
ଜୀବନ ବିତିଛି କେତେକେତେ ଝଂଝଟେ ।

ତାଳବନ ତଳେ ସମୟ ଯାଇଛି ଲୋଟି
ଅଜାଡ଼ି ପଡ଼ିଛି ଜୀବନର ପରିପାଟୀ ।

*ଗୀତର ଏକ ରାଗ । ଏହାର ପ୍ରବର୍ତ୍ତକ ରାଜା ଭର୍ତ୍ତୃହରି ବୋଲି କଥିତ । ଦିନର ପ୍ରଥମ ପ୍ରହରରେ ଏହା ଗାନ ହୁଏ

ମୁଦ୍ରା

ଓଠ ଭିଜେଇ ଦେଲି
କାଳେ ଅସ୍ଫୁଟ ହେବ ସ୍ୱର
ଗଳା ଓଦା କଲି
କାଳେ ଶୁଖିଯିବ ଉଚ୍ଛ୍ୱାସ ।

କାହାର ଇଚ୍ଛାରେ ଚାଲିଛି
ଦୁନିଆଟା ?
ଆସାମୀର ନା ହାକିମଙ୍କର ।

ବେଳେବେଳେ ଉଦ୍‌ଘାଟିତ ହୋଇଯାଏ
ସବୁ ରହସ୍ୟ । ନ୍ୟାୟ ଅନ୍ୟାୟ
ଗୋଟିଏ ମୁଦ୍ରାର ଦୁଇପାଖ ।
ମୁଦ୍ରା ବେଳେବେଳେ ହଜୁରଙ୍କୁ
ଗିଳିଦିଏ ।

■

BLACK EAGLE BOOKS

www.blackeaglebooks.org
info@blackeaglebooks.org

Black Eagle Books, an independent publisher, was founded as a nonprofit organization in April, 2019. It is our mission to connect and engage the Indian diaspora and the world at large with the best of works of world literature published on a collaborative platform, with special emphasis on foregrounding Contemporary Classics and New Writing.

www.ingramcontent.com/pod-product-compliance
Lightning Source LLC
Chambersburg PA
CBHW060619080526
44585CB00013B/897